KB216799

부와 가난을 결정하는
머니프레임

MONEY

부와 가난을 결정하는

머니프레임

신성진 지음

FRAME

천그루숲

"대표님, 좋은 책 좀 추천해 주세요."

강의가 끝났을 때, 상담을 마무리할 때 가장 많이 듣는 말입니다. 지출관리도 해야겠고, 투자도 해야겠는데 어디서부터 어떻게 시작해야 할지 모르겠다며 좋은 책을 추천해 달라는 말을 들을 때마다 고민이 많았습니다. 세상에 좋은 책은 참 많지만 제가 정말 해주고 싶은 내용을 전달하는 책은 별로 없었습니다. 그래서 늘 이런 생각을 했죠.

'내가 전하고 싶은 내용을 써서 내 책을 추천할 수 있으면 좋겠다.'

2020년 《돈을 바라보는 새로운 관점, 머니프레임》을 출간한 후 5년 동안 많은 사람들을 만났습니다. 때로는 웃고 가끔은 울면서 나눈 그들과의 대화에서 많은 깨달음이 있었고, 고민하고 공부하면서 부족한 내용을 채우고 정리할 수 있었습니다. 그리고 이제 "이 책을 먼저 읽어 보세요"라고 이야기할 수 있는 책을 세상에 내놓게 되었습니다.

이 책을 쓰면서 '세상에서 제일 좋은 책을 선보이겠다'는 생각을 하지는 않았습니다. 제 능력에 맞지 않는 욕심이니까요. 하지만 누구나 한 번은 읽어보며, 느끼고 배우고 실행할 수 있는 책을 쓰고 싶다는 생각을 했습니다. 돈에 대해 어떻게 공부를 시작해야 할지 모르는 분들, 돈에 대해 생각을 정리하고 돈을 잘 다루는 역량을 키우고 싶은 분들께 감히 이 책을 권합니다.

이 책은 크게 3개의 파트로 구성되어 있습니다.

Part 1 '머니프레임이 부와 가난을 결정한다'에서는 새로운 머니스토리가 필요한 우리의 모습을 먼저 들여다봅니다. 세계에서 가장 우울한 나라가 된 대한민국은 어떤 문제를 가지고 있는지, 그리고 그 문제를 푸는 머니스토리는 어떤 것이어야 하는지, 새로운 머니스토리는 어떻게 만들 수 있는지 정리했습니다. 그리고 이 책의 핵심 개념인 머니프레임에 대해 설명하고, 나를 이해할 수 있는 진단프로그램 Money GPS에 대해 소개합니다. Money GPS 진단을 통해 나의 머니타입과 돈을 다루는 역량인 머니파워를 알아보시기 바랍니다.

Part 2 '돈을 벌고, 불리고, 쓰고, 지키는 방법'은 이 책을 통해 제가 나누고 싶은 핵심적인 내용입니다. 돈과 관련된 우리의 행동은 벌기, 불리기, 쓰기, 지키기의 4가지 영역으로 구분할 수 있습니다. 경제적 자유를 이루고 행복한 삶을 사는 데 필요한 '행복하게 벌기' '게으르게 불리기' '후회 없이 쓰기' '계획적으로 지키기'의 4가지 프레임을 통해 부와 행복을 함께 키운다는 것이 어떤 의미인지 이해할 수 있습니다.

Part 3 '의미있게 나누기, 돈을 다루는 최고의 역량'은 나눔에 대한 이야기입니다. 경제적 자유를 이루고 풍요를 누리는 것과 함께 우리를 행복하게 만드는 것이 무엇인지 생각해 보았습니다. 윤리 교과서 같은 이야기가 아니라 삶의 영역에서 나눔이 어떤 역할을 하는지, 어떤 변화를 만들어 낼 수 있을지 공감하게 될 것입니다.

이 책은 2가지 측면에서 다른 자산관리 책과 차이가 있습니다. 하나는 나의 머니타입과 머니파워를 진단할 수 있는 Money GPS 진단을 할 수 있도록 코드를 제공합니다. 머니프레임 진단을 통해 나를 이해하고 나에게 필요한 변화가 무엇인지 이해할 수 있습니다. 또 하나는 돈과 삶에 대한 통합적인 관점에서 '부와 행복을 함께 키우는 방법'을 알려줍니다. '당신의 머니스토리가 당신의 라이프스토리이다'라는 말처럼 좋은 라이프스토리를 만들려면 좋은 머니스토리를 만들어야 합니다. 돈을 다루는 4가지 머니프레임을 통해 멋진 머니스토리를 만드시기 바랍니다. 참고로 책에 다 담기 힘든 워크시트는 QR코드를 통해 독자 여러분들이 참고할 수 있도록 제공하니 활용하시기 바랍니다.

이렇게 오랜 시간이 걸릴 줄 몰랐는데 5년 만에 8번째 책을 세상에 내놓게 되었습니다. 30년 이상의 상담과 강의 경험을 통한 고민의 결과물을 담았습니다. 이 책을 읽는 독자들이 발견의 기쁨과 실행의 감격을 가질 수 있으면 좋겠고, 돈 문제에서 벗어나 행복한 부자가 되면 좋겠습니다. 돈 공부가 어려웠던 분들이 이 책을 통해 돈의 다양한 속성을 이해하고 돈을 다룰 줄 아는 역량을 키울 수 있기를 기대합니다.

책을 낼 때마다 감사한 분들이 참 많습니다. 원고를 검토하면서 고생한 천그루숲 백광옥 대표는 생각했던 것보다 늘 더 좋은 책을 만들어 주었습니다. 이 책의 많은 콘텐츠가 제대로 정리될 수 있도록 함께 공부하고 도와준 이일영, 박상훈, 정주연 코치와 석윤희, 신정순, 전백근, 주성민 코치님께 감사드립니다. 그리고 무엇보다 Money GPS를 개발하고 운영해 주시는 송명호 대표님께 큰 감사를 드립니다. 송 대표님의 도움이 없었다면 진단 프로그램도, 이 책도 없었을 겁니다.

마지막으로 매일 늦게 돌아오고 주말마다 사무실에 나가는 바쁜 남편을 참아주고 응원해 주는 예쁘고 사랑스러운 나의 파트너 혜진, 그리고 비판과 응원으로 함께해 주는 두 아들 영빈과 한빈에게 미안함과 함께 고마움을 전합니다.

신성진

Your Money Story is

Your Life Story!

차례

Part 1

머니프레임이
부와 가난을 결정한다

Part
2

돈을 벌고, 불리고, 쓰고, 지키는 방법

5장 계획적으로 '지키기'

Part 3

의미 있게 나누기, 돈을 다루는 최고의 역량

Part 1

머니프레임이
부와 가난을
결정한다

MONEY
FRAME

1장

◆

우리에게는 새로운
머니스토리가 필요하다

전쟁의 폐허 속에서 세계가 놀랄 만한
성장 스토리를 만든 나라.
경제·문화·사회·예술 그리고 정치까지
우리가 이룬 변화는 크고 넓고 깊었다.
하지만 이제 새로운 스토리를 써야 할 때가 되었다.
우리는 성장만으로는 풀 수 없는 문제를 풀어야 한다.

새로운 머니스토리가 필요하다.
돈을 바라보는 건강한 가치관과
돈을 다루는 역량을 키우고,
돈과 삶을 통합적으로 바라보는
새로운 패러다임이 필요하다.

1

세계에서 가장
우울한 나라

'나는 세계에서 가장 우울한 나라를 여행했다.'

이 제목의 영상을 보셨나요? 미국의 베스트셀러 작가이자 구독자 267만 명을 보유한 유튜버 마크 맨슨이 2024년 1월 한국을 방문한 후 올린 영상이 화제가 되었습니다. 영상은 이렇게 시작합니다.

"한국은 활기찬 문화를 가진 놀라운 나라다. 불과 몇 십 년 만에 과
학, 기술, 교육, TV 및 영화, 음악, 스포츠 분야에서 세계를 선도하
게 되었다. 하지만 불안, 우울증, 알코올 중독률이 엄청나게 높으
며, 자살률 또한 세계에서 가장 높다. 그 이유를 알아내기 위해 한
국에 왔다."

맨슨은 약 24분간 이어지는 영상에서 한국이 경제·문화적으로 전 세계의 주목을 받고 있지만, 한국인들이 깊은 우울증과 외로움, 과도한 경쟁에 힘들어하는 이유를 찾으려고 노력합니다. 다양한 전문가를 만나고, 다양한 장소에서 한국의 젊은이들을 만납니다. 그리고 그는 이렇게 정리합니다.

> "한국은 유교와 자본주의의 영향을 많이 받았는데, 한국은 유교의 가장 나쁜 부분인 수치심과 판단(평가)은 유지하면서 가장 좋은 부분인 가족 및 사회와의 친밀감은 버렸다. 자본주의의 최악의 측면인 물질주의와 돈벌이에 대한 노력은 선택한 반면, 자본주의의 가장 긍정적인 부분인 자기표현 능력과 개인주의는 무시했다."

수치심과 판단이라는 유교적 영향, 물질주의와 돈벌이에 집중하는 자본주의적 영향이 만들어 낸 한국의 가치관이 한국인들을 스트레스, 우울, 자살로 이끌고 있다고 본 것이죠.

세계에서 가장 우울한 나라인 대한민국, 그 대한민국을 '돈'이라는 프레임으로 들여다보면 돈이 만들어 내는 평가와 수치심, 그리고 그런 평가와 수치심을 만들고 있는 돈 중심의 가치관을 볼 수 있습니다. 그리고 그것이 대한민국을 세계에서 가장 우울한 나라로 만들고 있습니다.

우울한 나라의 불편한 진실

"대한민국 완전히 망했네요. 와! 그 정도로 낮은 출산율은 들어본
적도 없어요. (0.78명이라는 출산율은) 엄청나네요."

2023년 9월 한 인터뷰에서 캘리포니아대학교 법대 명예교수인 조
앤 윌리엄스가 2022년 기준 한국의 합계출산율이 0.78명이라는 이야
기를 전해 듣고는 크게 놀라는 모습이 화제가 됐습니다. 그런데 여기
서 끝이 아닙니다. 2023년 합계출산율은 0.72명으로 낮아졌고, 2024
년 합계출산율은 0.75명으로 소폭 상승했지만 여전히 낮습니다.

합계출산율 저하는 인구 감소와 고령화로 연결되어 대한민국의 미
래를 어둡게 만들고 있습니다. 이런 출산율의 의미는 현재의 200명이
다음 세대에 70명으로 줄어들게 된다는 것이고, 한 세대가 더 지나가
면 70명이 25명이 된다는 것입니다. 우리나라 인구가 500만 명 정도로
줄어드는 데에는 두 세대가 지나가는 시간, 60여 년밖에 걸리지 않는
다는 의미입니다. 말 그대로 망하고 있는 거죠.

인구가 줄면 학교도 문을 닫고, 병력을 유지하기 힘들어 안보가 불
안해지고, 생산가능인구가 줄어 경제도 활력을 잃고, 세금이 올라 노동
의욕을 꺾고, 헌혈할 수 있는 젊은이가 없어 피도 부족해지고…. 이처
럼 급격한 인구 감소가 초래하는 무서운 미래는 상상하기 힘든 고통을
우리에게 안겨줄 것입니다.

뉴스핌이 2024년 1월, 19~34세 청년 1,100명 대상 설문조사를 실

시한 자료를 보면 49.6%는 결혼을 하지 않아도 된다고 생각하고 있고, 또 결혼하더라도 출산은 하지 않겠다고 대답한 비율이 61%입니다. 결혼하지 않는 가장 큰 이유는 '경제적으로 여유가 없기 때문'이라고 답한 비율이 69%이고, 출산을 기피하는 이유 1위도 '양육·교육비 부담' 때문입니다(출처 : 뉴스핌 2024.01.30.).

물론 출산율 저하나 인구 감소의 원인을 '돈 문제' 하나로 보기는 힘들지만 저출산과 인구 감소의 핵심적인 원인 중 하나가 '돈 문제'인 것은 분명합니다. 조금 더 슬픈 이야기를 하자면, 자살률 특히 노인들의 높은 자살률입니다. OECD 국가 중에서 우리나라는 노인자살률이 가장 높은 나라입니다. 압도적 세계 1위를 기록하고 있죠. 노인자살률의 첫 번째 이유 역시 '경제적인 어려움' 때문입니다.

결혼하지 않는 이유, 자녀를 낳지 않는 이유는 '미래에 대한 불안' 때문입니다. 그리고 오늘을 더 이상 살아내지 못하고 스스로 목숨을 끊는 사람들이 많은 이유는 '오늘을 견디기 힘들기' 때문입니다. 통계가 보여주는 대한민국은 세계에서 오늘을 견디기 가장 힘든 나라이고, 세계에서 미래가 가장 암울한 나라입니다. 그래서 '세계에서 가장 우울한 나라'가 된 것 같습니다.

빛나는 성장의 역사로 해결할 수 없는 문제

슬프고 우울한 측면들을 살펴보면 마음이 불편해질 수 있지만, 대한민국은 아주아주 빛나는 역사를 가진 멋진 나라입니다. 2차 세계대전이 끝난 후 독립한 나라 중에서 가장 빠르게, 그리고 이스라엘을 제외하면 거의 유일하게 선진국그룹인 경제협력개발기구(OECD)에 가입한 나라입니다. '한강의 기적'이라는 표현은 대한민국이 이룬 압축적 고도성장에 대한 세계의 찬사죠.

1953년 전쟁이 끝난 후 66달러에 불과했던 국민소득은 2024년 3만 6,624달러가 되어 주요국 중 6위가 되었습니다. 엄청난 성장과 발전입니다. 반도체, 전자, 자동차, 화학, 철강 등 주요 산업 분야에서 대한민국은 세계적인 경쟁력을 갖추고 있습니다.

대한민국의 성장이나 발전은 경제적인 측면에서만 한정된 것이 아닙니다. 최근에는 '한류'라는 단어로 대표되는 음악, 웹툰, 드라마, 영화, 게임 등의 문화 콘텐츠가 국제적으로 주목을 받고 있고, 또 성장하고 있습니다. 그리고 2024년 노벨문학상 수상자는 대한민국의 소설가 '한강'이었습니다. 김구 선생님이 염원했던 나라, 문화강국이 이미 이루어진 것처럼 여겨지는 감동적인 장면들이 많이 있습니다.

그런데 우리나라는 왜 '세계에서 가장 우울한 나라'가 되었고, 우리는 왜 '대한민국 망했네요'라는 평가를 들으며 서서히 침몰하고 있는 배에 올라탄 처지가 되었을까요?

우리의 어제와 오늘을 살펴보면 밝은 면과 어두운 면이 있습니다. 하지만 분명한 것은 우리가 이렇게 돈의 함정에 빠져 허우적대는 원인을 '가난'이나 '성장의 실패'에서 찾을 수는 없다는 겁니다. 그래서 기존의 문제해결 방식, 국민소득을 4만 불, 5만 불로 만드는 것으로는 우리의 이 우울함을 극복할 수 없습니다. 마크 맨슨은 영상의 마지막에 이렇게 말합니다.

"내가 깨달은 것은 놀라운 경제성장이나 새롭게 떠오른 대중문화의 지배력이 아니라, 한국인들의 놀라운 회복탄력성이야말로 세계에서 보기 드문 특별한 힘이라는 것이다. 한국의 문화와 역사를 배우다 보면 한국인들은 항상 방법을 찾아낸다는 것을 알게 된다. 한 세기 동안의 점령과 전쟁을 견뎌내고, 절망의 위기 속에서도 경제적·문화적 우수성을 이루어 내려는 의지로 그들은 항상 방법을 찾아냈다."

마크 맨슨의 주장처럼 우리는 세상이 놀랄만한 엄청난 회복탄력성으로 새로운 스토리를 만들어 낼 수 있습니다. 하지만 그 새로운 스토리는 1인당 국민소득이 더 늘어난다고 만들어지지 않습니다. 유교와 자본주의의 부정적인 영향을 벗어버리고, 돈에 대한 건강하고 새로운 가치관을 만들어 내는 것에서 시작해야 합니다. 그 새로운 가치관과 생각으로 돈을 다루는 힘을 키울 때 우리는 좀 더 행복하고 좀 더 따뜻하고 좀 더 아름다운 머니스토리를 만들 수 있습니다.

이 책이 그 변화를 만드는 데 도움이 되기를 바라고, 독자들과 함께 건강한 머니스토리를 함께 만들어 가고, 건강한 머니스토리를 만들어 내는 사람들이 모여 우울함을 이겨낸 건강한 사회를 만들 수 있기를 기도합니다.

2

우리가 풀어야 할
4가지 돈 문제

우울한 사회를 살아가는 우리에게는 개인적으로 풀어가야 할 경제적인 문제들이 있습니다. 가계부채, 주택가격 상승, 과소비와 충동구매, 투자 실패, 금융사기와 보이스피싱 등 개인들이 경험하고 있는 크고 작은 문제들을 4가지로 정리해서 살펴보겠습니다.

소득,
버는 돈보다 쓰는 돈이 많다

버는 돈보다 쓰는 돈이 많을 때 우리는 경제적으로 힘들어집니다.

낭비하거나 엉뚱하게 돈을 쓰는 것이 아닌데도 소득이 지출보다 작으면 문제가 됩니다. 적절한 소득을 벌지 못하면 늘 돈의 함정에서 허우적대며 살게 됩니다. 그런데 이 문제가 개인적인 능력 차원의 문제는 아닙니다. 소득보다 지출이 많아질 수밖에 없는 이유를 살펴볼까요?

청년들이 가장 선호하는 공기업 신입사원 연봉 1위부터 30위까지를 연합뉴스 기사(2023.05.22.)를 통해 살펴보면 2022년 기준으로 제일 높은 한국원자력연구원이 5,3486만 원이고, 30위인 한국산업단지공단이 4,569만 원입니다. 대기업 신입사원 연봉도 비슷한 수준으로 조사됩니다. 그럼 20년 전에는 어땠을까요? 당시 기사를 살펴보면 국내 대기업들의 신입사원 평균 연봉은 2,329만 원이고, 연봉이 높은 금융업종이나 해운·항공·중공업은 2,500만 원이 넘었습니다. 20년 동안 연봉이 2배 정도 올랐다는 이야기죠.

그런데 그 기간 동안 우리가 사용하는 소비재들의 가격이나 주택가격은 얼마나 올랐을까요? 이코노미스트(2022.02.26.)가 한국물가정보, 한국소비자원 자료를 토대로 조사한 결과를 살펴보면 자장면은 2000년 2,742원에서 2022년 5,769원, 삼겹살은 3,800원에서 14,385원, 전철은 500원에서 1,250원, 택시는 1,300원에서 3,800원으로 소득 상승분보다 더 많이 올랐습니다. 체감하는 것보다는 낮지만 2배 이상 올랐고 3~4배 가까이 오른 것도 있습니다. 최저임금이 많이 올랐고, 직장인들의 급여가 많이 올랐다고 하지만, 물가를 고려해서 소득을 다시 살펴보면 명목소득에 비해 구매력은 더 떨어졌다는 것을 알 수 있습니다. 그래서 다들 힘든 것이죠.

| 소비재 가격 변화 |

항목		2000년	2005년	2010년	2015년	2020년	2022년	비고
식비	자장면	2,742	3,277	3,905	4,500	5,115	5,769	2.1배
	삼겹살 (100g)	3,800	8,500	9,000	9,000	11,000	14,835	3.9배
	설렁탕	4,217	5,267	5,813	6,925	-	9,000	2.1배
	소주 (360mL)	830	950	1,000	1,080	1,280	1,380	1.6배
	맥주 (500mL)	1,270	1,290	1,180	1,280	1,410	1,410	1.1배
교통비	전철(성인)	500	800	900	1,050	1,250	1,250	2.5배
	시내버스	500	900	1,000	1,150	1,200	1,282	2.5배
	택시 요금	1,300	1,900	2,400	3,000	3,800	3,800	2.9배

(2022년 1월 기준, 출처 : 이코노미스트(2022.02.26.))

삶의 안정에 영향을 미치는 주거비용은 어떨까요? 서울의 아파트 분양가 추이를 살펴보면 2000년도에 평당 724만 원이었는데, 2022년에는 3,474만 원으로 5배 가까이 올랐고, 2024년 7월에는 4,190만 원으로 집계됐습니다. 5배를 넘어 6배가 되어갑니다. 직장생활을 하면서 월급을 아껴 저축한 돈으로 서울에서 아파트를 산다는 건 꿈같은 이야기가 되어 버렸습니다.

인플레이션과 주택가격 상승에 더해 '이 정도는 하고 살아야지'라는 기준이 엄청 높아졌습니다. 그래서 우리는 버는 돈보다 쓸 돈이 많은 시대를 살고 있고, '돈을 더 벌어야' 하는 숙제를 안고 있습니다.

지출,
쓸 수 있는 돈보다 많이 쓰고 있다

버는 돈이 적지 않음에도 불구하고 쓰는 돈이 쓸 수 있는 돈보다 많을 때 문제가 됩니다. 소득에 문제가 있는 것이 아니라 지출에 문제가 있는 거죠.

우리는 사고 싶은 것이 너무 많고, 가고 싶은 곳이 너무 많고, 먹고 싶은 것이 너무 많은 욕망의 시대를 살아가고 있습니다. 우리의 욕망을 자극하는 광고와 마케팅의 홍수 속에서 돈을 잘 관리하고 소비를 통제하는 것이 쉽지 않기 때문에 '쓸 수 있는 돈'보다 훨씬 많이 쓰고 있습니다.

한 번뿐인 인생 멋지게 살자라는 의미의 욜로(YOLO), 플렉스(Flex), 내가 좋아하고 의미 있는 것에는 돈을 아끼지 않는다는 팬덤경제(Fondom Economy), 가치소비(Value Consumption), 그리고 다양한 구독경제까지, 통장에서 돈이 사라질 이유가 너무 많은 시대를 살고 있습니다.

이미 올라가 버린 우리의 소비욕구와 생활수준은 많은 사람들을 가난하게 만들고, 신용에 문제를 만들기도 합니다. 돈을 잘 관리하고 통제하는 힘이 있어야 이런 어려움에서 벗어날 수 있습니다.

투자 실패,
투자한 결과가 투자 원금보다 작다

세 번째 문제는 투자입니다. 여러분은 성공적인 투자를 하고 있나요? 투자에 대한 설문조사 결과를 하나 살펴보려고 합니다.

HR테크기업 인크루트는 2023년 4월 직장인의 주식투자 현황을 알아보기 위해 주식투자 경험이 있는 직장인 820명을 대상으로 설문조사를 진행했습니다. 설문 결과를 보면 업무시간에 주식을 하는 사람들이 64%이고, 스스로를 주식중독이라고 생각하는 사람들이 20%가 넘었지만, 응답자의 15%만이 '이익을 실현했다'라고 답했습니다. '이익도 손실도 없다'는 응답자는 35.1%, '손실을 보고 있다'라고 답한 이들은 절반(49.9%) 정도였죠. 참 안타까운 결과입니다.

자본시장연구원에서 발표한 자료를 살펴봐도 2002년부터 2021년까지 20년 동안 개미투자자들은 연간 수익률 기준으로 6번만 이익을 냈고, 나머지는 손실을 본 것으로 나타납니다. 그리고 2020년 3월부터 10월까지 주식시장이 한창 오르던 시기에 국내 주식시장에 진입한 신규 개인투자자의 62%가 손실을 기록한 것으로 나타났습니다.

소중한 돈을 불리려는 목적으로 투자를 하지만 목적을 달성하는 사람은 많지 않은 것 같습니다. 이처럼 잘 벌고 아껴 쓰더라도 투자가 발목을 잡는 경우가 많습니다. 이 또한 풀어야 할 중요한 숙제입니다.

리스크관리, 내 돈을 지키지 못한다

많이 벌고 아끼고 잘 불렸지만 지키지 못하는 경우도 많습니다. 가장 심각한 리스크는 '사람'입니다. 지인의 제안이나 부탁으로 시작되는 금전거래나 동업, 투자 등에서 발생하는 문제가 심각합니다.

금융사기, 전세사기 같은 위험들도 많은 사람들을 한꺼번에 힘들게 만듭니다. 평생을 쌓아온 자산을 한 방에 날려 버리고 힘겨워하는 은퇴자들, 어렵게 살 곳을 마련했는데 사기를 당해 절망에 빠진 젊은이들의 소식이 계속 들려옵니다.

세금도 늘 우리 통장에서 돈을 빼앗아 갑니다. 직장인들의 소득은 유리지갑이 되어 펑크 난 세수를 메우는 데 활용되고 있고, 꼼꼼하게 체크하지 않으면 상속증여세, 연금소득세도 만만찮습니다. 그리고 질병이나 사고 등 인적인 위험(Personal Risk)들도 재정적으로 큰 문제가 됩니다. 앞으로 고령화사회가 심화되고 건강보험 재정 문제가 심각해지면 의료비 문제는 많은 사람들에게 심각한 난제가 될 것입니다.

이런 위험들은 외부에서 오는 위험들로, 통제가 아니라 대비가 필요한 위험입니다. 적절한 세금플랜, 보험플랜, 상속증여플랜 등을 계획적으로 준비하고, 원칙과 기준을 가지고 대비하는 것이 필요합니다.

쓸 돈보다 많이 벌고, 쓸 수 있는 돈보다 적게 쓰고, 투자한 돈보다 크게 불리고, 위험으로부터 돈을 잘 지키는 과정이 통합적으로 이루어져야 돈의 함정에서 벗어나 경제적 자유를 이룰 수 있습니다.

3

새로운 머니스토리를
만드는 프로세스

세계에서 가장 우울한 나라에서 개인적인 문제를 안고 살아가는 우리는 어떻게 문제를 해결할 수 있을까요? 어떻게 새로운 머니스토리를 만들 수 있을까요?

배를 타고 여행을 떠난다고 생각해 봅시다. 원하는 곳에 제대로 도착하려면 먼저 내가 가고 싶은 곳이 어디인지 알아야 합니다. 목적지를 모르면 엉뚱한 곳으로 가게 되니까요. 목적지와 함께 지금 내가 있는 곳이 어디인지를 알아야 합니다. 내가 어디에 있는지 정확히 모르면 엉뚱한 곳으로 방향을 잡게 됩니다. 그리고 마지막으로 나에게 적합한 이동수단과 방법을 선택해야 합니다. 때로는 큰 배가 필요할 수도 있고, 때로는 헤엄쳐 가는 것이 가장 바람직한 선택일 수 있습니다.

우리의 인생스토리도, 우리의 머니스토리도 성공하려면 내가 어디로 가야 하는지, 내가 지금 어디에 있는지, 어떤 수단을 선택해야 하는지 잘 알아야 합니다.

원하는 것을 분명하게 정하기

새로운 스토리를 만드는 첫 번째 단계는 내가 원하는 것이 무엇인지 목표를 분명히 정하는 것입니다.

저는 강의를 할 때 종종 "시간적·경제적 자유를 얻으면 하고 싶은 것들을 적어 보세요"라고 수강생 분들에게 요청합니다. 그럼 쉽게 적어 나가는 분도 있고, 이런저런 생각을 하며 고민하는 모습도 보입니다. 그런데 어느 날 한 분이 펜을 든 오른손을 살짝 떨면서 아무것도 적지 못하고 계셨습니다. 그분에게 다가가니 이렇게 말씀하시더군요.

"왜 저는 아무것도 생각이 나지 않을까요? 저는 평생 제가 뭘 원하는지 모르고 살아왔던 것 같아요."

그분의 목소리에는 슬픔, 당황스러움, 후회, 그리고 분노가 섞여 있었습니다. 지금도 가끔 그분의 떨리던 손을 떠올리면 안타까운 마음이 듭니다. 가정과 자녀들을 위해 모든 것을 포기했던 아버지, 남편과 아이들을 위해 늘 자신을 희생해 왔던 어머니들이 참 많습니다. 그분들은 자신이 뭘 원하는지를 잘 모르고 살아온 거죠.

청년들과 교육프로그램을 진행하면서 "100억이 생긴다면 무엇을 하고 싶나요?"라고 물었습니다. 그러자 자신이 원하는 것을 하나씩 적어 내려갑니다. 그런데 적힌 것들이 대부분 대동소이합니다. 부동산, 여행, 자동차···. 이런 것들을 나눈 후에 다시 한번 물었습니다.

"지금 적은 것들이 여러분이 정말 원하는 것, 꼭 이루고 싶은 것, 다른 것들보다 소중한 것들인가요?"

이 질문에 '네'라고 대답하는 청년들은 많지 않았습니다. 세상의 소리에 익숙해진 것일 뿐 자신들이 진짜 원하는 것이 무엇인지 잘 모르고 있었습니다. 자신이 원하는 것을 모르면 새로운 스토리를 시작할 수 없습니다. 영화, 드라마에서 성공한 주인공들은 대부분 명확한 목표, 분명한 목적, 확실한 임무가 있습니다. 여러분도 조용한 공간에서 아무도 침범하지 않는 시간을 선택해 '내가 진정 원하는 것'이 무엇인지 정리하는 시간을 꼭 가져보시면 좋겠습니다.

목적지와 방향을 모른 채 열심히 노를 저으면 원하는 곳으로부터 점점 멀어질 수 있습니다. 열심히 노력한 만큼 더 멀어지는 것이죠. 내가 무엇을 원하는지를 파악하고 목표를 수립하는 구체적인 방법은 다음 장에서 나누도록 하겠습니다.

내가 어디에 있는지 알기

목적지를 아는 것이 스토리의 출발점이라면, 내가 어디에 있는지 아는 것은 실행을 위한 조건입니다. 목적지까지 거리가 얼마나 되는지,

어떤 방향으로 가야 하는지, 지금 있는 곳에는 어떤 위험과 기회가 있는지를 알아야 제대로 움직일 수 있습니다.

머니코칭을 진행할 때 '내가 어디에 있는지'를 알기 위해 진단하는 것은 '돈에 대한 프레임(머니프레임)'과 '돈을 다루는 역량' 2가지입니다.

돈에 대한 생각·태도·신념이 형성하는 '머니프레임'은 재무행동을 결정하고, 재무행동은 부와 가난을 결정합니다. 머니프레임을 바꾸지 않으면 기존의 재무행동을 반복하게 되고, 그 결과로 형성된 재무상태 역시 변하지 않습니다. 그래서 새로운 머니스토리는 나의 머니프레임을 이해하는 것에서 시작됩니다.

'돈을 다루는 역량'도 진단을 통해 알아봐야 합니다. 벌기, 불리기, 쓰기, 지키기의 4가지 영역에서 돈을 다루는 역량이 어떤지 진단을 통해 확인하면 건강한 머니스토리를 만들기 위해 어떤 변화가 필요한지 알 수 있습니다.

나를 알기 위해 매월 현금흐름과 자산·부채 상태를 체크하는 것도 필요합니다. 나의 머니프레임과 재무역량이 어떤 재무상태를 만들었는지 살펴보면 나의 현재를 잘 이해할 수 있습니다.

나에게 적절한 방법 찾기

세 번째 단계는 '나에게 맞는 방법 찾기'입니다. 내가 선택할 수 있는 방법을 찾아 실행하는 단계입니다. 배를 타고 쉽고 빠르게 목적지까지

갈 수도 있고, 헤엄을 칠 수도 있고, 오랫동안 바다에서 건더야 할 수도 있습니다. 내가 선택한 방법이 나에게 맞아야 목적지에 잘 도착할 수 있습니다. 이때 우리가 활용할 수 있는 해결책은 2가지입니다.

첫 번째는 돈에 대한 생각·태도·신념을 건강한 머니프레임으로 바꾸는 것입니다. 돈에 대한 부정적인 인식을 바꾸고, 돈과 삶을 통합적으로 바라보는 관점으로 바꾸는 것이 필요합니다. 일에 대해, 투자에 대해, 소비에 대해, 리스크에 대비하는 플랜에 대해 생각과 태도를 바꾸는 것이 첫 번째 해결책입니다.

두 번째는 돈을 다루는 역량을 키워야 합니다. 돈을 다루는 방법은 다양합니다. 투자에 성공하는 방법도 다양하고, 돈을 관리하는 방법도 다양합니다. 하지만 그 방법들은 저마다 장점과 리스크가 있습니다. 모든 사람에게 다 맞고 모든 사람에게 다 적합한 방법은 없지만, 누구나 할 수 있는 방법이 있고 아무나 할 수 없는 방법이 있습니다. 벌기, 불리기, 쓰기, 지키기라는 돈의 4가지 영역에서 '행복하게 벌기' '게으르게 불리기' '후회 없이 쓰기' '계획적으로 지키기' 역량을 키우기 위해 구체적으로 고민하고 공부하고 실행해 보는 과정에서 돈을 다루는 역량을 키울 수 있습니다.

이 책에서 우리는 돈을 바라보는 건강하고 균형 잡힌 머니프레임을 만들고, 돈을 다루는 역량을 키우는 행복한 도전을 함께하려고 합니다. 작은 생각의 변화, 작은 행동의 시작, 기본적인 시스템의 활용 등 작은 변화에서 시작하지만 결과는 작지 않은 변화를 만들어 내면서 부와 행복을 함께 키우는 경험을 하게 될 것입니다.

4

부와 가난을 결정하는
머니프레임

머니프레임이란 '돈을 바라보는 방식을 결정하는 인식의 틀'입니다. 사업·투자·소비 등 돈과 관련된 다양한 행동이나 사건·상황·사물들을 어떻게 바라보고 해석하고 이해하는지를 결정하는 틀을 말합니다. 사람들은 저마다 돈에 대한 다양한 프레임을 가지고 있고, 그 프레임에 따라 돈과 삶을 해석합니다.

장님 코끼리 만지기

머니프레임이 무엇인지 알아보기 전에 먼저 '프레임'의 개념에 대해

알아볼게요. 코끼리의 나라, 인도에서 전해 내려오는 우화 '장님 코끼리 만지기'의 메시지는 프레임에 대해 잘 설명해 줍니다. 위의 그림을 보면서 장님들이 코끼리를 만지고 코끼리를 이해하는 장면을 생각해 봅시다.

코끼리를 만진 장님들은 코끼리에 대해 어떻게 말할까요? 상아를 만진 장님은 '코끼리는 딱딱하고 뾰족해'라고 말하고, 꼬리를 만진 장님은 '부드럽고 길쭉하고 털이 달려 있다'고 말하고, 코끼리 뒷다리를 만진 장님은 '코끼리는 기둥 같다'라고 말합니다.

서로 다른 말을 하고 있지만 장님들의 말은 모두 맞는 말입니다. 코끼리는 딱딱하기도 하고, 부드럽기도 하고, 기둥 같기도 하기 때문입니다. 그런데 맞는 이야기를 하는 이들의 이야기가 맞지 않습니다. 왜냐하면 부분을 전체라고 인식하고 주장하고 있기 때문입니다. 맞지만 맞지 않는 말을 하는 모습, 우리의 모습이 딱 이렇지 않나요?

코끼리를 제대로 이해하려면 장님의 프레임에서 벗어나 딱딱하다는 이야기, 부드럽다는 이야기, 기둥 같다는 이야기를 다 들을 줄 알아야 합니다. 그래야 코끼리 전체를 이해할 수 있고 코끼리를 잘 다룰 수 있습니다. 코끼리 전체를 이해하면 무거운 것을 들 때는 코를 이용하고, 빠르고 튼튼한 다리를 활용하여 전쟁에서 적을 무찌르고, 코끼리가 죽고 나면 상아로 멋진 보석함을 만들 수 있습니다.

머니프레임, 돈을 바라보는 방식을 결정하는 인식의 틀

우리는 돈을 바라보는 우리 각자의 틀이 있습니다. 서로 다른 돈에 대한 경험이 있기 때문입니다. 마치 장님이 코끼리를 만져 본 것과 같은 경험입니다.

주식투자를 해서 낭패를 본 사람, 부모나 가까운 사람이 주식투자로 힘들어하는 것을 본 사람은 '주식투자는 망하는 길'이라고 생각하고 부정적인 태도를 취합니다. 주위 누군가가 주식투자에 대해 이야기하면 항상 부정적으로 반응하고 긍정적인 이야기는 듣지 않습니다. 오랫동안 부동산 투자로 자산을 키워온 사람은 "부동산이 최고다"라고 말합니다. 돈만 생기면 아파트, 상가, 토지를 보러 다닙니다. "주식투자해서 부자 된 사람 없고, 부동산 투자해서 망한 사람 없다"라고 말합니다.

이런 생각들은 모두 맞는 말입니다. 실제로 경험한 일이고 수많은 사례가 있습니다. 하지만 이러한 프레임에 갇혀 있으면 좋은 투자기회를 놓치게 되고 투자 실패를 경험하기도 합니다.

강남에서 대표적으로 가격이 상승한 은마아파트에 투자해서 크게 자산을 키운 사람은 "역시 아파트가 최고야"라고 말합니다. 그런데 은마아파트에 투자한 돈을 20년 동안 삼성전자나 마이크로소프트, 애플에 투자했다면 그 돈은 얼마나 더 큰 수익을 안겨 주었을까요?

2004년 2월 전용면적 84㎡ 은마아파트의 평균 매매가는 7억 3,000만 원, 20년이 지난 2024년 2월의 평균 매매가는 26억 3,333만 원으로, 연평균상승률은 6.6%이고, 3.6배가 올랐습니다. 삼성전자는 2004년 2월 27일 기준 10,900원에서 2024년 2월 27일 기준 72,900원이 되었고, 마이크로소프트는 2024년 2월 13일 기준 26.59달러였던 주가가 2024년 2월 9일에는 420.55달러가 되었죠. 애플은 액면분할을 적용하면 0.43달러였던 주가가 2024년 2월 27일 182.63달러가 되었습니다. 삼성전자는 연평균 10%가 올라 6.7배가 되었고, 마이크로소프트는 연평균 14.8%가 올라 15.4배가 되었고, 애플은 무려 424배가 올랐습니다.

"아파트가 최고야"라는 말도 틀린 말이 아닙니다. 하지만 이런 프레임에 갇혀 있으면 다른 투자기회를 놓치게 됩니다. 코끼리를 전체적으로 이해하고 잘 다루려면 자신이 만져본 것이 전부라고 생각하는 장님의 프레임에서 벗어나야 하는 것처럼, 돈을 잘 다루려면 나의 경험과 지식의 한계를 넘어 돈의 다양한 모습을 알고 전체적으로 이해해야 적절한 선택과 결정을 할 수 있습니다.

프레임이 중요한 이유는 인식의 틀이기도 하지만 문제해결의 틀이기도 하기 때문입니다. 어떤 머니프레임을 가지고 있느냐에 따라 돈 문제를 바라보는 인식이 달라지고 문제해결 방법이 달라집니다. 재무행동이 달라지고, 재무행동에 따라 재무상태가 결정되는 것이죠. 결국 머니프레임이 부와 가난을 결정하게 됩니다.

머니프레임을 형성하는 4가지 요소

왜 사람들은 서로 다른 프레임을 가지게 되는 걸까요? 머니프레임을 형성하는 데에는 다양한 요소들이 있는데, 그중에서 핵심적인 요소를 4가지로 정리할 수 있습니다.

1) 부모와 가정환경

가장 중요하고 영향력이 큰 요소는 '부모'이고, 조금 넓게는 '가정환경'이라고 할 수 있습니다. 어릴 때 부모의 행동, 부모로부터 계속 보고 들어온 돈에 대한 생각이나 태도가 나이가 들어서도 영향력을 발휘합니다.

자라면서 '돈을 아껴 써야 한다'라는 말을 들어온 자녀와 '돈보다 사람이 중요하다'라는 말을 들어온 자녀는 돈을 쓰는 모습, 소비에 대한 태도가 다릅니다. 부산대학교 김진숙 교수 등이 쓴 논문 〈대학생의 경제 역량과 영향 변인〉에 따르면 부모로부터 돈, 금융에 대한 언급을 많이 듣고 자란 대학생들이 돈에 대해 훨씬 더 적극적이고 유연한 태도를 가지고 있는 것으로 나타납니다.

2) 사회·문화적 환경

저와 제 아들들은 돈에 대한 생각과 태도가 다릅니다. 가끔 아들들과 대화할 때 "아빠는 가난한 후진국에서 태어났고, 너희들은 유럽 선진국에서 태어난 것과 비슷해"라는 말을 하곤 합니다. 아들들이 친구들과 만나 돈을 쓰는 것, 여행을 가는 모습 등은 아빠 세대의 생각이나 행동과 많이 다릅니다. 서울 강남에서 자란 사람과 농촌에서 자란 사람도 머니프레임이 다릅니다. 시대에 따라, 자라난 공간에 따라 다양한 사회·문화적 환경이 머니프레임에 영향을 미칩니다.

3) 종교나 신념

종교나 신념도 머니프레임에 많은 영향을 미칩니다. 신앙이 깊은 사람 중에는 돈이 좀 생기면 자신을 위해 쓰기보다 어려운 곳에 나누려는 사람들이 있습니다. 좋은 모습입니다. 그런데 이게 과하면 '돈을 싫어하고 불편해하는' 모습을 가지게 됩니다. 돈을 우상이라고 생각하고, 돈을 악의 근원이라고 생각하는 사람들은 돈이 생기면 자신을 망치지 못하도록 떠나가게 만듭니다. 돈에 대한 건강한 머니프레임을 가지려면 종교나 신념이 나의 머니프레임에 어떤 영향을 미치고 있는지 이해하는 것이 도움이 됩니다.

4) 강력한 경험이나 트라우마

어릴 때 부모의 사업 실패, 이혼이나 가정불화, 지독한 가난을 경험한 사람들은 돈에 대해 과한 집착이나 지나치게 무시하는 모습을 보이곤 합니다. 아버지의 주식투자 실패로 힘든 어린 시절을 보낸 사람은 주식투자를 악한 것으로 여기고, 자신은 절대 하지 않겠다고 결심하기도 합니다.

돈을 끌어들이는 프레임이 있고 돈을 밀어내는 프레임이 있습니다. 착하고 능력 있고 성실한 사람들이 돈을 밀어내는 프레임에 갇혀 힘들어하는 모습을 자주 봅니다. 이들이 가지고 있는 가난을 만드는 머니프레임, 돈 문제를 만드는 머니프레임을 바꾸지 않으면 현실을 변화시키기 어렵습니다.

나의 머니프레임,
간단하게 알아보기

나는 어떤 머니프레임을 가지고 있는지 간단하게 알아보는 방법이 있습니다. 돈에 대한 나의 정의를 생각해 보고, 내가 돈에 대해 반복적으로 표현하는 말이나 생각이 무엇인지를 살펴보면 나의 머니프레임을 알 수 있습니다.

1) 돈에 대한 당신의 정의는 무엇인가요?

2012년에 많은 사람들과 '돈에 대한 인터뷰'를 했습니다. 돈을 어떻게 생각하는지, 돈 때문에 기뻤던 일, 가슴 아팠던 일 등에 대해 이야기를 나누면서 알게 된 사실은 '사람들은 저마다 돈에 대한 정의와 생각이 다르고, 그 생각에 따라 행동이 달라진다'는 것입니다.

인터뷰에서 어떤 사람은 '돈은 마약이다'라고 정의했습니다. 돈은 맛보면 맛볼수록 더 강한 것을 찾는 마약처럼 사람을 유혹하는 존재이고, 결국 마약처럼 사람을 망치는 것이라고 말합니다. 왜 이 사람은 돈을 마약이라고 생각했을까요? 그는 주위에서 돈만 추구하다가 삶을 망쳐버린 사람의 이야기를 들려주었습니다. 이 때문에 돈이 마약처럼 사람을 망칠 수도 있다고 생각한 것이겠죠.

한 후배는 '돈은 자동차에 휘발유 같은 것'이라고 하더군요. 자동차가 움직이려면 휘발유가 필요한 것처럼 인간에게는 돈이 필요하다고 했습니다. 그런데 핵심적인 의미는 따로 있었습니다. 자동차를 타고 가다 보면 기름이 점점 줄어들고 어느 시점이 되면 주유하라고 빨간 불이 들어옵니다. 이때 우리 마음은 불안해지기 시작하죠. 이처럼 적당한 돈이 없으면 불안해지기 때문에 자기는 어느 정도 운용할 수 있는 현금을 보유해야 마음이 편하다고 했습니다. 그래서 이 친구는 다른 사람들보다 자산에서 현금이 차지하는 비중이 아주 높습니다.

어떤 사람은 '돈은 사람과 사람을 연결해 주는 다리' 같은 것이라고 했습니다. 돈이 생기면 누구랑 이걸 쓸지 고민하는 사람이죠. 이 사람은 늘 주위에 사람이 많고 좋은 평가를 받습니다. 하지만 집에 들어가면 좀 다른 평가를 받습니다.

돈을 마약이라고 생각하는 사람, 돈을 휘발유 같다고 생각하는 사람, 돈을 사람과 사람을 이어주는 다리 같은 것이라고 생각하는 사람들은 각각 돈에 대한 행동이 다릅니다. 돈은 참 이상한 존재라서 우리가 돈을 정의하는 대로 우리 삶에 영향을 미칩니다.

당신은 돈을 무엇이라고 정의하나요? '돈이 당신의 삶에 무엇으로 존재하고 있는지' 살펴보세요. 돈은 당신의 생각대로 당신의 삶에 작용하고 있을 것이고, 그것이 프레임으로 당신의 재무행동과 재무상태에 영향을 미치고 있을 것입니다.

2) 돈에 대해 반복적으로 사용하는 표현은 무엇인가요?

나의 머니프레임을 알아보는 두 번째 방법은 내가 반복적으로 사용하는 돈에 대한 생각이나 말이 무엇인지 찾아보는 것입니다. 우리의 반복되는 말과 반복적인 생각은 평소에는 인지하지 못하고 있지만 머니프레임의 표현일 가능성이 높습니다.

"돈은 중요한 게 아니야"라고 자주 말하는 사람이 있다면 그는 돈을 중요하게 생각하지 않고 돈을 무시하는 심리를 가지고 있습니다. "돈보다 사람이 중요해"라는 말을 자주 하는 사람은 사람에 대한 배려나 관계 때문에 좋은 기회를 잃기도 합니다. "돈이 늘 문제야" "돈이 웬수야"라고 말하는 사람은 돈 문제에서 빠져나오기 힘듭니다. 문제는 가만히 있는 돈이 아니라 자신인 경우가 많죠. 자신이 돈을 어떻게 다루는지가 문제지, 돈 자체는 문제도 원수도 아닙니다.

돈과 관련된 내 생각이 반복적인 패턴을 만들기 때문에 내가 원하지 않음에도 계속 반복하고 있는 행동이 있다면 그 행동을 일으키는 무의식이나 잠재의식에 대해 생각해 보는 것이 좋습니다. 알아야 바꿀 수 있으니까요.

건강한 머니프레임으로 리프레이밍하기

심리나 기질을 공부하는 사람들, 애니어그램, MBTI, 강점진단 등 진단도구를 다루는 많은 전문가들은 심리나 기질은 기본적으로 변하지 않는다고 말합니다. 그래서 자신의 심리나 기질을 이해하고, 그것에 맞게 사는 것이 지혜롭고 행복한 삶이라고 말하죠.

하지만 머니프레임은 다릅니다. 머니프레임의 개념에 대해 공부하고 나의 머니프레임을 알아보는 이유는 나의 머니프레임에 대한 이해를 바탕으로 건강한 머니프레임으로 리프레이밍(Reframing)하기 위해서입니다.

돈에 대해 부정적이거나 왜곡된 태도를 가지고 있는 사람은 자신의 프레임을 바꾸어야 합니다. 투자에 대해 두려워하거나 지나치게 공격적인 투자를 하는 사람은 투자에 대한 건강한 태도를 가지는 것이 필요합니다. 소비를 할 때 지나치게 낙관적인 사람도 지나치게 인색한 사람도 자신의 머니프레임을 바꾸어 소비행동을 바꾸는 것이 좋습니다.

머니프레임은 바꿀 수 있습니다. 머니프레임을 바꾸면 삶이 바뀝니다. '돈을 버는 것은 힘든 것이다'라는 프레임을 '돈을 번다는 것은 의미 있는 가치를 생산하는 것이다'로 바꾸면 일에 대한 태도가 바뀌고 결국 일의 성과도 바뀝니다. '돈은 문제의 근원이다'라는 프레임을 '돈은 기회를 제공한다'로 바꾸면 돈으로 바꿀 수 있는 자신의 삶을 바라보게 되고 일에 대한 태도와 행동을 바꾸게 됩니다. 이것이 리프레이밍 (Reframing)입니다.

자신의 머니프레임이 건강한 프레임인지, 부자들의 머니프레임과 비슷한지, 돈을 끌어들이는 프레임인지 돈을 밀어내는 프레임인지 살펴보고, 어떤 변화가 필요한지 이해해야 합니다. 그리고 이에 맞는 새로운 머니프레임을 가지는 것이 돈 문제에서 해방되는 여정이고, 그것이 바로 머니프레임 코칭입니다.

2장

◆

내가 원하는 것을
찾는 법

어떤 사람은 평생 문제를 해결하면서
치열하게 살아가고,
어떤 사람은 꿈과 목표를 이루면서
의미있게 살아간다.
누구나 만만치 않은 하루하루를
치열하게 살아내고 있지만,
내가 무엇을 원하는지
아는 사람과 모르는 사람의 차이는
주인의 삶과 노예의 삶만큼이나
멀고 다르다.

1

꿈과 목표의
실전적 의미

꿈과 목표, 원하는 것이 없는 삶

"열심히 살아왔는데 너무 허무해. 아이들 교육시킨 것 말고는 남는
게 없는 것 같아…"

이미 은퇴를 했거나 은퇴를 앞둔 지인들을 만나면 가장 많이 듣는
말입니다. 대한민국은 세계 최장의 노동시간을 자랑하는 나라입니다.
시대가 변하고 일하는 스타일이 변하고 있지만 아직까지 우리나라는
'성실'과 '노력'에 대해 매우 중요하게 생각합니다.

어릴 때부터 경쟁에 노출되어 살아오면서 누군가를 이기기 위해, 원
하는 것을 달성하기 위해 열심히 살아왔습니다. 하지만 치열하게 살아

온 삶의 결과로 나에게 주어지는 것은 때로는 '내 것이 아닌 것' 같기도 하고, 때로는 '겨우 이 정도의 삶을 살려고 이렇게 열심히 살아왔나'라는 생각까지 들기도 합니다.

(예비)은퇴자들을 대상으로 강의나 상담을 하면서 발견하는 안타까운 모습은 '내가 무엇을 원하는지' 단 한 번도 진지하게 고민해 보지 않은 채 치열하게 살아온 그들의 삶입니다. 그들은 은퇴라는 현실을 직면하고 나서야 지금의 현실을 안타까워하고 분노하기도 하며, 이제는 다르게 살아가겠다고 다짐하는 모습을 보이기도 합니다.

물론 구체적인 꿈과 목표를 세우지 않았다고 해서, 시간을 내어 내가 원하는 것이 무엇인지 생각해 보지 않았다고 해서 이루어진 것이 하나도 없지는 않았겠지요. 하지만 내가 원하는 것, 살고 싶은 삶, 이루고 싶은 목표를 구체화하며 사는 모습은 부와 행복을 키우는 데 있어서 매우 중요합니다. 그럼 우리 삶에서 꿈과 목표가 어떤 의미인지, 우리를 어떻게 행복한 삶으로 이끄는지 알아볼까요?

접근동기와 회피동기

미국 컬럼비아대학교 심리학과 교수인 토리 히긴스(Tori Higgins)는 인간의 동기를 '접근동기'와 '회피동기'의 2가지 차원으로 나누어 설명합니다. 접근동기(Approach Motivation)는 내가 원하는 것, 좋아하는 것을 하고 싶어 하는 욕구(동기)이고, 회피동기(Approach Motivation)는 싫어하는 것을 피하고 싶은 욕구(동기)입니다.

좋은 대학에 가서 원하는 것을 얻기 위해 공부한다면 접근동기, 좋은 대학에 못 가면 취직도 결혼도 힘들다고 해서 공부한다면 회피동기입니다. 둘 다 열심히 공부를 합니다. 하지만 동기가 다르듯 성공했을 때 느끼는 감정도 다릅니다. 접근동기를 가지고 성공한 사람은 기쁨과 행복을 느끼고, 회피동기를 가지고 성공한 사람은 안도감을 느낍니다. 이처럼 내가 어떤 일을 할 때 접근동기를 가지고 하는지, 아니면 회피동기를 가지고 하는지 살펴보는 것은 매우 중요합니다.

우리 사회는 주로 회피동기를 자극해 왔습니다. 어릴 때 우리는 부모로부터 회피동기를 자극하는 말을 많이 들었고, 지금은 자녀들에게 "공부 못하면 평생 힘들게 살아!" "좋은 대학 못 가면 인생 낙오자가 돼" "대기업에 취직 못하면 결혼도 못해"라고 똑같이 말하곤 합니다. 회사에서는 "이번에 승진 못하면 더 힘들어져" "이런 일도 제대로 처리 못하면 다음 기회는 없어"라는 소리를 듣죠. 이런 말들은 회피동기를 자극하는 말입니다. 우리는 대부분 이런 말을 들으며 열심히 공부하고 취직합니다. 그 결과 인생 낙오자가 되지 않아서, 결혼할 수 있는 좋은 기업에 취직해서 '행복'해지는 것이 아니라 '안심'하게 됩니다. 이처럼 회피동기는 두렵고 피하고 싶은 상황에 빠지지 않게 하지만, 일과 성취에서 오는 행복과 기쁨을 누리게 하지는 못합니다.

물론 회피동기가 나쁜 것만은 아닙니다. 회피동기에 의해 움직이는 개인과 사회는 안전할 수 있습니다. 진화하는 과정에서 우리는 다양한 위험을 피해야 했고, 그래서 지금까지 생존하고 번영할 수 있었던 것이니까요. 하지만 회피동기에 의해 늘 문제해결만 하면서 사는 삶은 행복하기 힘듭니다.

이에 반해 접근동기적 삶은 자신이 원하는 것을 달성하기 위해 노력하는 목표지향적 삶입니다. 접근동기적 삶은 목표를 향해 나아가면서 성장과 도전을 경험하는 삶입니다. 접근동기적 삶은 목표를 성취하는 과정에서 기대감, 기쁨, 성취감 같은 긍정적인 감정을 경험하는 삶입니다.

기쁨과 행복을 누리는 삶을 원한다면 접근동기를 활용해야 합니다. 무언가 하고 싶은 것이 있고, 그것을 얻기 위해 노력해서 얻었을 때 행복과 기쁨을 누릴 수 있습니다. 우리 마음속에 있는 접근동기를 가장 잘 표현할 수 있는 것이 '꿈의 목록'입니다. 내가 공부하면서, 일하면서, 도전하고 노력하면서 얻고 싶은 것이 무엇인지를 꿈의 목록으로 표현할 수 있습니다. 그리고 꿈의 목록을 시간과 숫자로 구체화해서 표현한 것이 바로 '목표'입니다. 원하는 것을 구체적이고 뚜렷한 목표로 표현할 때 접근동기가 더 강하게 발동하고, 그것을 이루었을 때 우리는 행복할 수 있습니다.

우리 주위를 살펴보면 평생을 문제해결을 하면서 사는 사람들이 많습니다. 재산도 있고 소득도 높지만 행복하지 않은 사람들이죠. 즐겁고 행복한 삶, 즐겁고 행복한 돈관리를 위해 우리는 접근동기적인 삶을 살아야 합니다. 접근동기는 꿈의 목록으로, 그 꿈은 구체화된 목표로 표현할 수 있습니다.

2

꿈과 목표를
찾는 방법

꿈과 목표를 찾고 구체화하는 과정은 누구에게나 쉽지 않습니다. 100세 시대를 맞아 행복한 머니스토리를 만들어 가기 위해 구체적인 목표를 세우는 프로세스를 정리해 봅시다.

100세 시대 인생시계

100세 시대라고들 합니다. 하지만 구글에서 찾을 수 있는 라이프사이클은 모두 80세 이전에 생이 끝나는 이전 세대의 그래프들뿐입니다. 이제는 다른 인생그래프가 필요합니다.

우리가 살아온 시간을 되돌아보면 아직 시작도 안했다고 생각하는 분도 있고, 또 너무나 많은 시간을 흘려보냈다고 생각하는 분도 있을 겁니다. 하지만 100세 인생시계를 그려보면 생각보다 많은 시간이 남아 있음을 알게 되고, 시간을 그냥 흘려보내기에는 너무 아깝다는 생각을 하게 됩니다.

100세 시대, 앞으로 남은 삶을 어떻게 살아갈 것인지 생각하는 사람과 생각하지 않는 사람은 미래를 준비하고 계획할 때 큰 차이가 있습니다. 지금 내가 100세 인생시계의 어디쯤에 있는지 살펴보고, 앞으로 남은 시간에 대한 목표를 세워야 합니다.

| 100세 인생시계, 나는 어디쯤 있는 것일까? |

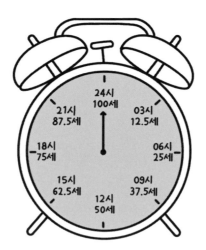

버킷리스트 작성하기

버킷리스트란 '죽기 전에 꼭 한 번은 해보고 싶은 것들을 정리한 목록'을 의미합니다. 영화 〈버킷리스트〉 이후에 많은 사람이 알게 되었고, 원하는 것을 찾을 때 활용하는 방법이 되었습니다.

2007년에 나온 영화 〈버킷리스트〉는 6개월 시한부 삶을 선고받은 두 남자가 죽기 전에 하고 싶은 일들을 하나씩 실행해 가는 이야기입니다. 평생을 자동차 수리공으로 살아온 카터 챔버스(모건 프리먼)와 재벌 사업가인 에드워드 콜(잭 니콜슨)은 우연히 중환자실에서 만나게 됩니다. 인종, 직업, 자산 등이 전혀 다른 두 사람이 죽음이라는 평등한 상황을 접하고 버킷리스트, '죽기 전에 하고 싶은 것'을 함께해 가면서 삶의 의미를 찾아갑니다.

| 영화 〈버킷리스트〉의 한 장면 |

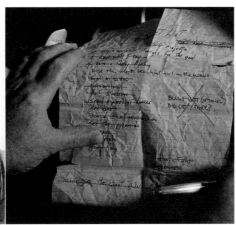

스카이다이빙, 문신하기, 아프리카 초원에서 사냥하기, 세상에서 가장 아름다운 사람과 키스하기, 모르는 사람 도와주기, 눈물이 날 때까지 웃어보기 등 평소에는 하지 않았을 일들, 그리고 언제나 할 수 있지만 하지 않았던 일들을 하면서 잃어버리고 있었던 소중한 것들을 발견해 나갑니다.

영화 〈버킷리스트〉는 행복한 삶이란 크고 위대한 일뿐만 아니라 작고 사소한 일들도 버킷리스트에 작성해 보고, 그것을 하나씩 실현해 나가는 것임을 알려 줍니다. 버킷리스트를 작성할 때는 마음에 떠오르는 대로 적어 보고, 그것의 의미를 찾아보는 시간이 중요합니다. 그리고 그 사소하지만 소중하고 우리의 삶을 행복하게 만드는 것들을 실행해 봐야 합니다.

지나친 진지함이나 목표에 대한 무게를 내려두고 마음에 떠오르는 대로 버킷리스트를 적어 보면 내가 원하는 것들을 찾을 수 있습니다.

| 버킷리스트 |

순서	나의 버킷리스트
1	스페인 산티아고 순례길 걷기
2	퇴사하고 제주 한 달 살기
3	비행기 비즈니스 클래스 타보기
4	마라톤 42.195km 완주해 보기
5	내 이름으로 책을 쓰고 저자 되기
6	

가장 중요한 것을 찾는 방법

버킷리스트를 적는 시간은 즐겁고 신나고 행복합니다. 적어 나가는 것들을 하나씩 상상해 보는 시간을 가져보는 것도 좋습니다. 그런데 이런 과정에서 정말 중요한 것을 놓치는 경우가 가끔 있습니다. 가장 해보고 싶은 것을 정리했는데, 그것이 나를 행복하게 하지 못한다는 생각이 들 때도 있습니다. 이럴 때 잠깐 시간을 내어 또 하나의 리스트를 작성해 보면 도움이 됩니다.

'나의 삶이 6개월 남았다면, 나는 무엇을 할 것인가?'

누구를 만나고, 무엇을 하며, 어디를 가고 싶은지 생각해 보면 버킷리스트에 적은 것과는 다른 것들을 적게 됩니다.

'감사를 표하고 싶지만 오랫동안 만나지 못했던 사람을 만나고, 가족들과 시간을 보내고, 꼭 가고 싶었지만 바쁘다는 핑계로 가지 못했던 곳에서 한 달 살기를 하고…'

| 나의 삶이 6개월 남았다면, 나는 무엇을 할 것인가? |

구분	내용	생각, 감정, 의미
하고 싶은 것		
가고 싶은 곳		
사고 싶은 것		
만나고 싶은 분		

버킷리스트에 기록한 목록과 시한부 삶을 상상하고 기록한 목록은 서로 다를 때가 많습니다. 두 가지 리스트를 함께 보면 내가 무엇을 좋아하고 무엇을 소중하게 생각하고 있는지 알게 됩니다.

재무목표 작성하기

버킷리스트를 맘껏 적어 보고, 삶이 6개월 남았을 때 무엇을 하고 싶은지 생각해 보았다면 이제 구체적인 재무목표를 작성할 차례입니다.

재무목표는 반드시 다루어야 하는 재무목표와 버킷리스트에서 발견한 재무목표, 그리고 시한부 삶을 가정했을 때 생각나는 꿈과 목표들을 함께 염두에 두고 작성할 때 나의 생각과 가치관을 제대로 반영할 수 있습니다.

재무목표를 작성할 때 분명히 기억해야 할 점은 회피동기적인 목표만 정하면 안 된다는 겁니다. 돈도 없고 집도 없고 자녀교육도 못 시키는 상황이 싫어서 미리미리 은퇴 준비를 하고 집을 마련하고 교육자금을 목표로 정합니다. 하지만 이런 필요에 의한 것들에서 벗어나 우리가 원하는 것, 욕구도 목표에 넣어야 합니다. 가족들과 해외여행, 혼자 즐기고 싶은 취미, 누리고 싶은 사치도 적어 봅시다. 그런 목표들이 있을 때 일과 노동, 투자를 위한 공부와 시스템을 구축하는 시간들이 즐거운 과정이 됩니다.

그리고 또 하나 중요한 것은 작은 목표들을 수립하고 달성해 보는

| 나의 꿈, 나의 목표_10대 재무목표(Goal & Dream) |

(단위:만원)

순위	이벤트	설명	의미	필요금액 (현재물가기준)	필요시기	저축/투자 상품
1	자동차	그랜저 3,000cc	성공한 커리어우먼	4,000	1년 후	적금
2	내집마련	탑마을 선경	소중한 보금자리	115,000	2년 후	적립식펀드
3	부채상환	기타 대출	경제적 자유	30,000	3년 후	적립식펀드
4	해외여행	유럽 14박 15일	휴식과 치유	2,000	5년 후	적립식펀드
5	노후은퇴 자금	용인 상담 센터 오픈	제2의 인생	20,000	15년 후	주식 Nasdaq100
6						
7						
8						
9						
10						

경험입니다. 목표 달성도 자꾸 달성해 보고 익숙해져야 재미있습니다. 매월 50만 원, 100만 원을 저축하거나 투자해서 큰 재무적 목표를 달성하는 것도 좋지만, 월 1만 원, 3만 원으로 하는 가벼운 투자를 통해 작은 목표 달성의 기쁨을 누리면서 투자에 대해 경험해 보는 것도 좋습니

다. 이렇게 쉽고 재미있는 목표를 목록에 포함하고, 그것을 달성했을 때 스스로를 격려하고 축하해 봅시다. 이런 과정들이 목표 달성에 재미를 느끼게 하고, 어려운 목표에도 도전하는 힘을 가질 수 있도록 돕습니다. 그리고 달성한 목표들에 대해서는 시작과 달성 시기를 따로 적어 두었다가 힘이 들거나 목표 달성이 재미가 없을 때 다시 보면 큰 도움이 됩니다.

재무목표를 작성할 때에는 처음 10개의 목록을 먼저 작성합니다. 그리고 우선순위를 매겨서 무엇이 가장 중요하고, 무엇을 먼저 이루어야 할지, 어디에 자금을 더 집중해야 할지 결정하는 과정을 거치는 것이 좋습니다.

꿈이 있는 사람은 돈을 벌 때, 돈을 쓸 때, 돈을 불릴 때, 꿈이 없는 사람과 다르게 행동합니다. 꿈의 목록을 매일 적는 사람은 돈을 벌 때 한 번 더 움직이고, 돈을 쓸 때 한 번 더 고민하고, 투자할 때 한 번 더 묻습니다. 그리고 하나씩 이루어가면서 점점 더 행복감을 느끼고 행동을 이어갈 수 있습니다.

꿈이 이끌어 가는 삶, 목표를 이루어 가는 삶, 접근동기적 삶이 우리를 행복하게 합니다. 우리의 일상을 문제해결하는 시간이 아니라, 꿈과 목표를 이루어 가는 삶으로 만드는 것은 우리가 정리한 꿈과 재무목표가 있을 때 가능합니다.

3

SMART하게
목표를 세우는 방법

목표수립 전문가들은 목표를 세울 때 어떤 요소들이 들어가야 하는지 알려주는 방법으로 SMART 목표설정법을 추천합니다. 재무목표를 세울 때도 SMART 기법을 이용하면 좋습니다.

목표설정 기준(SMART)

SMART란 꿈과 목표가 명확해야 하고(Specific), 측정가능해야 하고(Measurable), 달성가능해야 하며(Achievable), 내가 원하는 삶의 의미가 맞고(Relevant), 기간이 정해져 있어야 합니다(Time-bound). 이에 대해 구

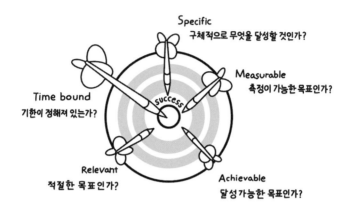

체적으로 알아봅시다.

1) 꿈과 목표는 구체적이고 명확해야 한다(Specific)

자동차 구입이 아니라 '그랜저 3.0을 사겠다'라는 것이 좋고, 아파트를 사겠다는 것이 아니라 '판교에 32평형 아파트를 사겠다'는 것이 좋습니다. 목표가 구체적일 때 그것의 의미가 명확해지고 목표에 집중할수 있게 됩니다.

2) 꿈과 목표는 측정가능해야 한다(Measurable)

좋은 집, 좋은 차, 좋은 사무실이라는 목표는 측정가능하지 않습니다. 가능하면 숫자로 표현되어 달성했는지 측정할 수 있어야 합니다. '100억을 모으겠다'라는 목표는 달성 여부를 측정할 수 있지만 '부자가 되겠다'라는 목표는 측정할 수 없습니다. 달성 여부를 알 수 없는 목표는 목표가 아니라 막연한 꿈입니다.

3) 꿈과 목표는 달성가능해야 한다(Achievable)

자신의 소득, 자산 상태와 전혀 상관없는 황당한 목표는 목표로서 의미가 없습니다. 어떤 이에게 100억은 달성가능하지만 어떤 이에게는 막연한 환상에 불과합니다. 막연한 환상은 그것을 달성하기 위한 에너지를 일으키기 어렵고, 결국 달성하기 어려운 '깨야 할 꿈'이 되고 맙니다.

4) 꿈과 목표는 의미가 있어야 한다(Relevant)

내가 원하는 삶이나 방향과 관계없는 목표는 관심과 열정을 불러일으키지 못합니다. 여행을 좋아하지 않는 사람이 세계 일주라는 목표를 삼는 것, 시골 생활을 좋아하지 않는 사람이 유행에 따라 세컨드 하우스를 사겠다고 목표를 설정하는 것은 적절하지 않습니다. 돈은 나의 삶과 연결될 때 의미가 있고, 재무목표는 나의 삶과 연결될 때 의미 있는 목표가 됩니다.

5) 꿈과 목표는 기간이 정해져 있어야 한다(Time-bound)

'2025년 말까지' '3년 적금' 이런 식으로 기간이 정해져 있어야 합니다. 기간이 정해져 있는 목표와 기간이 없는 목표는 바쁜 우리에게 전혀 다른 의미로 다가옵니다. 언제 이루어도 되는 목표는 이루지 않아도 되는 목표와 같습니다. 좋은 목표는 기간이 정해져 있습니다.

변화는 내가 원하는 것을 아는 것에서부터

버킷리스트, 재무목표 작성, SMART 목표설정의 과정을 거치면서 내가 원하는 삶의 방향과 목적, 그리고 구체적인 목표를 알게 되고 달성하고 싶은 의지가 생겼나요? 막연했던 꿈과 희망이 구체적인 목표로 정리되면 이제 상상을 해봅시다.

내가 원하는 목표를 이루고 내가 원하는 경제적인 자유를 이루었을 때 어떤 기분일까요? 행복한 그 시간을 누구와 어디서 무엇을 하면서 보내고 있을까요? 그때 함께한 사람들과 어떤 이야기를 나누고 있을까요? 이런 상상 속에서 행복한 마음, 벅찬 감정을 충분히 느껴보시기 바랍니다. 나를 이해하고, 그 이해를 바탕으로 변화를 이루어야 하는 이유가 바로 그 시간, 그 행복 때문이니까요.

3장

◆

변화를 위해
나를 평가하고 이해하기

지피지기 백전불태(知彼知己 百戰不殆)

적을 알고 나를 알면 전쟁에서 위태롭지 않다.

지전지기 백전불태(知錢知己 百錢不殆)

돈을 알고 나를 알면 소중한 돈이 위험에 처하지 않는다.

적과 싸우는 전쟁에서도

돈으로 싸우는 쩐의 전쟁에서도

나를 알고 나를 이해하는 것이 중요하다.

1

나를 이해하기 위한
진단이 필요하다

내가 어디에 있는지 모르는 상태에서는 정확한 방향을 잡고 떠날 수 없는 것처럼, 나의 재무상태에 대한 이해 없이 새로운 머니스토리를 제대로 만드는 것은 불가능합니다.

돈과 관련된 우리의 선택과 결정은 다양한 심리적 요소들이 영향을 미칩니다. 그렇기 때문에 현재 나의 재무적 심리·신념·성향을 진단하고, 돈을 대하는 태도를 분석하는 과정이 필요합니다.

그리고 그 심리적 요소들의 영향을 받아 형성되는 '돈을 다루는 역량'을 진단해야 합니다. 심리적 요소와 역량의 2가지 진단과 함께 구체적인 재무상태표를 작성해 보면 현재 나의 재무상태를 이해하고 미래의 재무상태를 예측할 수 있습니다.

이때 내게 부족한 부분이 무엇인지, 어떤 점을 강화해야 하는지를 알아야만 현실적인 재무목표를 설정하고, 이를 달성하기 위한 실질적인 변화를 만들어 낼 수 있습니다.

돈을 바라보는 4가지 관점

사람들은 돈을 바라보고 인식하고 행동할 때, 크게 4가지 관점에서 다른 프레임을 가지고 있습니다. 먼저 돈에 대한 태도가 긍정적이고 적극적이냐 부정적이고 소극적이냐, 둘째 돈을 생각하고 사용할 때 관계중심적이냐 개인중심적이냐, 셋째 돈과 삶을 바라볼 때 장기적이고 미래중심적이냐 단기적이고 현재중심적이냐, 넷째 미래를 비관적이고 리스크 중심적인 관점에서 바라보느냐 낙관적이고 기회중심적인 관점에서 바라보느냐의 관점에서 차이를 보입니다.

이런 차이가 돈에 대한 심리와 태도의 차이로 나타나고, 그 차이는 재무행동에 영향을 미치고 결과적으로 재무상태를 결정합니다.

1) 돈에 대한 태도 : 긍정적·적극적 vs 부정적·소극적

돈에 대해 긍정적이고 적극적인 태도를 가지고 있는 사람은 삶의 많은 문제가 돈으로 해결된다고 보기에 적극적으로 돈을 추구하고, 다양한 선택과 결정에서 돈이 중요한 기준이 됩니다. 이들은 돈을 끌어들이는 힘이 강하고, 적극적으로 돈을 추구하기 때문에 부자가 될 가능성이 높습니다. 반면 돈에 대해 부정적이거나 소극적인 사람은 돈보다 다른 가치를 더 중요하게 생각하고, 돈이 문제를 일으킨다고 보기에 돈을 추구하는 모습을 부정적으로 평가합니다. 이들은 돈을 끌어들이는 힘이 약하고, 돈과 건강한 관계를 맺는 것을 힘들어합니다.

이 차이는 일과 소비에 대한 태도, 투자에 대한 태도, 부와 가난에 대한 태도에서 다양하게 나타납니다. 돈에 부정적인 사람은 돈을 벌기 위해 노력하기 싫어하고, 투자를 잘하기 위해 경제·금융 등에 대해 공부하기 싫어합니다.

2) 돈을 생각하고 사용할 때 : 관계중심적 vs 개인중심적

돈을 사용할 때 어떤 사람들은 늘 함께하는 사람을 염두에 두고 관계중심적인 선택을 합니다. 돈이 생기면 누군가와 함께 쓰려고 하고, 돈을 벌 때도 협력과 협업을 통해 성과 내기를 좋아합니다. 반면 개인중심적인 사람들은 개인적인 부와 성공을 중요하게 생각하고, 성과와 즐거움을 개인적으로 누리고 싶어 합니다. 돈을 쓸 때도 자신이 좋아하는 것과 자신의 취향이 기준이 되고, 일을 할 때도 개인적으로 평가받고 성과 내는 것을 선호합니다.

이 차이는 개인이 돈을 중심으로 사람들과 어떤 관계를 맺고, 어떤 삶을 지향하고 있는지를 드러냅니다. 돈을 끌어들이는 힘이나 돈의 크기는 관계중심적인 태도가 더 클 수 있지만, 관계중심적인 태도는 개인의 문제를 방치하여 문제가 될 수 있습니다. 반면 개인중심적인 관점은 자신의 능력만큼 벌고 누리며 사는 스타일로, 개인적인 역량의 한계가 부와 성공의 한계가 될 수 있습니다.

3) 돈과 삶을 바라볼 때 : 장기적 vs 단기적

돈과 삶을 바라볼 때 장기적인 관점에서 바라보는 사람들이 있습니다. 현재보다 미래를 더 중요시하여 미래를 위해 현재를 희생하기도 하고, 계획을 세우고 목표 달성을 위해 노력하는 유형입니다. 반면 단기적인 관점을 가진 사람들은 현재의 행복과 즐거움을 더 소중하게 여깁니다. 막연하고 불확실한 내일보다는 오늘에 집중하고 현재를 즐기는 스타일입니다.

이처럼 현재에 집중하느냐 미래에 집중하느냐는 돈에 대한 선택과 결정에 큰 영향을 미칩니다. 목표를 세우느냐 아니냐, 장기적인 투자를 하느냐 단기적인 투자를 하느냐 등 목표로 하는 부의 크기도 다르고, 사업의 목표도 다르고, 투자하는 방법도 다릅니다. 그리고 그 차이에 따라 재무상태도 달라집니다.

4) 미래를 바라보는 관점 : 현실적·비관적 vs 낙관적·희망적

미래를 바라보는 관점 차이도 재무행동에 큰 영향을 미칩니다. 미래를 비관적이거나 현실적인 관점에서 걱정하고 준비하는 것에 익숙한 사람들은 불확실한 미래에 대비해 많은 준비를 하고, 위험회피적인 태도로 안전을 추구합니다. 반면 미래에 대해 낙관적인 전망을 가진 사람들은 밝은 미래를 확신하고 기대하며, 미래를 걱정하고 대비하기보다는 지금 현재를 즐기고 성장을 지향합니다.

미래에 대해 비관적인 사람들과 낙관적인 사람들은 위험에 대한 태도에서 큰 차이를 보입니다. 비관적인 사람들은 위험을 줄이고 기회를 포기하지만, 낙관적인 사람들은 위험을 무시하고 기회가 왔을 때 도전합니다. 비관적인 사람들은 미래에 대비해 소비를 줄이지만, 낙관적인 사람들은 투자도 하고 즐겁게 소비합니다. 이런 차이는 시간이 갈수록 부의 크기와 위험의 크기에 큰 영향을 미칩니다.

이처럼 돈을 어떻게 바라보는지 4가지 관점을 진단하면 돈에 대한 나의 생각과 태도, 신념을 이해할 수 있습니다. 그리고 이 4가지 관점에서 보이는 차이들이 돈을 다루는 모습에서 어떻게 나타나고 있는지 알 수 있습니다.

돈을 다루는 4가지 역량

우리가 살아가는 일상을 '돈'이라는 프레임으로 살펴보면, '벌고' '불리고' '쓰고' '지키면서' 살아갑니다. 성인들은 평일 대부분의 시간을 버는 데 쓰고, 벌기가 끝나면 홀로 또는 누군가와 돈을 씁니다. 그리고 나머지 돈으로 저축이나 투자를 하고, 미래를 대비하는 플랜을 수립하기도 하지요.

벌기, 불리기, 쓰기, 지키기의 4가지 영역은 문제의 원인이나 해결방식이 서로 다릅니다. 벌기 문제를 해결하는 방식은 적극적이고 도전적

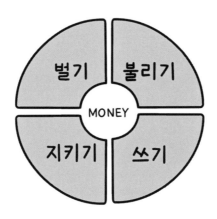

인 방식이지만, 쓰기 문제를 해결하는 방식은 기록하고 평가하는 신중하고 꼼꼼한 방식입니다. 예를 들어 소득이 작아 '벌기' 영역이 문제인 사람은 자기계발을 지속적으로 하고, 새로운 일에 도전하고 노력해야 합니다. 과소비, 충동구매가 심해 '쓰기' 영역이 문제인 사람은 소비를 결정하기 전에 한 번 더 꼼꼼히 생각해야 하고, 가능하면 지출을 기록하는 것이 좋습니다.

재무역량 진단프로그램인 Money GPS(MGPS)로 진단을 해보면 진단 결과는 매우 다양하게 나타납니다. 어떤 사람은 4가지 역량을 모두 잘 갖추고 있지만 어떤 사람은 모두가 부족하거나 한두 가지 역량만 가지고 있는 경우도 많습니다.

MGPS 진단에 대한 소개와 진단하는 방법은 Part 1의 뒷부분에 따로 안내가 되어 있으니 진단을 통해 나의 머니프레임과 돈을 다루는 역량을 알고 변화를 만들어 갈 수 있습니다.

2

현금흐름표와
재무상태표

자신의 자산과 돈을 다루는 모습에 대해 오해하거나 착각하고 있는 사람들이 많습니다. 자산이 실제보다 많은 것으로 착각하고 있는 사람, 지출이 지나치게 많다고 걱정하는 사람, 투자수익률에 대해 잘못 알고 있는 사람 등 현실과 다르게 알고 있는 사람들입니다. 그리고 이런 인식 때문에 불안해하는 사람들도 많습니다.

현금흐름표와 재무상태표는 머니프레임과 돈을 다루는 역량이 만들어 낸 결과로, 개인의 재무상태를 가장 간단하고 명확하게 파악할 수 있는 도구입니다. 현금흐름표에서 흑자가 발생하면 자산이 늘어나고, 적자가 발생하면 부채가 늘어납니다. 그리고 재무상태표는 현금흐름의 결과에 따라 현재의 재무상태와 앞으로의 문제점을 드러냅니다. 이

| 현금흐름표와 재무상태표의 관계 |

현금흐름표

수입	지출
근로소득	고정지출
연금소득	변동지출
이자소득	
배당소득	
연금소득	
기타소득	
	저축과 투자
흑자	적자

➡ 수입은 키우고 지출은 줄이고

재무상태표

자산	부채/자본
금융자산	부채
비금융자산	
사용자산	부채 합계
자산 합계	순자산 (자산 - 부채)

➡ 자산은 키우고 부채는 줄이고

2가지 표를 통해 나의 머니프레임이 재무행동에 어떻게 영향을 미치고 있는지, 그리고 그 결과인 재무상태와 어떻게 연결되고 있는지 알 수 있습니다.

현금흐름표

현금흐름표는 매월 기준으로 한 달간의 수입과 지출을 파악할 수 있는 표입니다. 현금흐름표를 작성해 보면 매월 흑자와 적자를 파악할 수 있고, 소득(벌기)과 소비(쓰기)에 대해서도 파악할 수 있습니다. 그리고 지출과 저축 규모를 파악하여 소비의 적정성과 저축·투자의 규모와 구성에 대한 평가도 해볼 수 있습니다.

현금흐름표에서 우리가 확인해야 할 첫 번째 포인트는 매월 흑자냐 적자냐입니다. 매월 적자가 나고 있다면 심각한 상황이죠. 생각보다 많은 사람이 매월 적자를 내고 있으며, 보너스나 가족들의 도움, 대출로 생활을 이어가고 있습니다. 적자를 흑자를 바꾸는 방법은 '수입을 늘리거나' '지출을 줄이는' 2가지 방법뿐입니다.

두 번째 확인할 포인트는 저축비율입니다. 미혼 가구는 수입의 50%, 독립·맞벌이 가구는 수입의 40%, 외벌이 가구는 수입의 30%를 기준으로 적정성을 평가하면 됩니다.

세 번째 포인트는 부채상환비율입니다. 부채를 갚기 위한 지출이 수입의 40%를 넘어가지 않도록 유지하는 것이 좋습니다.

여기서 제안하는 3가지 포인트는 많은 통계와 경험에서 나온 솔루션입니다. 절대적인 것은 아니지만 현금흐름의 적정성을 평가할 수 있는 지표로 활용하면 좋습니다.

재무상태표

재무상태표는 일정 시점의 자산, 부채, 순자산을 알 수 있는 표입니다. 재무상태표를 작성해 보면 자산의 규모와 구성, 부채의 구성, 그리고 순자산의 규모를 파악할 수 있습니다. 재무상태표에서도 체크해야

현금흐름표(202X년 12.1~12.31)

(단위 : 만원)

유입	금액	유출	금액
본인 급여	500	CMA/파킹통장/ISA	10
배우자 급여	400	청약통장/적금	50
본인 사업소득	100	펀드/ETF/주식	50
배우자 사업소득		저축성보험/공제	30
기타		연금(보험/펀드/신탁)	50
근로소득 계	**1,000**	**저축 및 투자 계**	**190**
연금소득		대출상환	50
임대소득	100	보장성보험	50
이자소득	50	월세	30
배당소득	100	관리비/공과금	50
		교육/양육비	150
		통신비/OTT	30
자산소득 계	**250**	**고정지출 계**	**360**
		식비	100
		교통비	30
		의류/미용/잡화	30
		자기개발	30
		취미/여가 활동비	30
		문화비	10
		가족 용돈 등	10
		경조사/기념일	30
		기부금	20
		기타	
		변동지출 계	**290**
		지출 합계 (고정 + 변동)	650
		저축 + 지출	840
		저축 준비금	410
총 유입	**1,250**	**총 유출**	**1,250**

할 몇 가지 포인트가 있습니다.

첫 번째는 순자산의 규모입니다. 많은 사람이 아파트의 가격, 자동차의 가격, 투자자산의 규모에 주목하지만, 정작 중요한 것은 순자산입니다. 부동산 등의 자산이 많다고 하더라도 대출 비중이 높으면 실질적인 순자산이 작을 수밖에 없습니다. 막연하게 알고 있지만 구체적인 수치로 작성해 보면 의외로 순자산이 작은 경우가 많습니다.

두 번째는 부채비율입니다. 총자산 대비 부채는 40%를 기준으로 적정성을 평가할 수 있습니다. 부채비율이 높으면 부채상환금액이 커지고 재무적인 안정을 이루기 힘듭니다.

마지막으로 금융자산비율은 50%를 기준으로 적정성을 평가할 수 있습니다. 물론 금융자산비율이 50%를 넘는 사람은 많지 않습니다. 말도 안 되는 비율이라고 말하는 분도 계실 것입니다. 특히 우리나라는 미국이나 다른 선진국과 비교할 때 부동산 비중이 높고 금융자산이 지나치게 작은 편입니다. 은퇴시점을 목표로 금융자산비율을 50%로 키워 나가는 방향이 적절할 것 같습니다.

머니프레임과 돈을 다루는 역량을 MGPS 진단을 통해 알아보고 구체적인 재무상태표를 작성해 보면 나의 재무적 강점과 약점을 알 수 있고, 현재 나의 재무적 위치를 제대로 이해하게 됩니다. 그리고 어떤 변화가 필요한지 알 수 있습니다. 이제 Part 2에서 돈을 다루는 역량을 강화하는 방법을 통해 변화를 위한 도전을 시작해 봅시다.

| 재무상태표(202X년 12월 31일 현재) |

(단위 : 만원)

자산	금액	부채와 순자산	금액
입출금통장	100	마이너스통장	1,000
CMA/파킹통장	1,500	신용카드	500
적금/예금	3,000	기타 대출	1,000
유동성자산 계	**4,600**	**유동성부채 계**	**2,500**
청약통장	800	전세자금대출	
펀드/ETF/ISA	2,000	주택담보대출	30,000
저축성보험	1,500	신용대출	
연금(신탁, 펀드, 보험)	3,000	학자금대출	
주식/코인	1,000	할부금	1,500
퇴직연금	12,000	보증금	10,000
기타			
저축/투자자산 계	**20,300**	**비유동성부채 계**	**41,500**
거주용 부동산	100,000		
투자용 부동산	30,000		
자동차	2,000		
기타			
		부채 합계	**44,000**
부동산/기타자산 계	**132,000**	**순자산**	**112,900**
총자산	**156,900**	**자산과 부채 합계**	**156,900**

돈에 대한 나의 심리와 역량을 진단하는 도구
Money GPS (MGPS)

MGPS는 돈을 바라보는 머니프레임과 돈을 다루는 역량을 진단하는 프로그램입니다. MGPS 진단을 통해 돈에 대한 생각과 태도·행동유형을 나타내는 '머니타입'과 돈을 다루는 역량을 나타내는 '머니파워'를 알 수 있습니다.

진단 결과를 보면 현재 내가 어떤 상태인지 이해하고 미래의 재무상태가 어떤 모습을 가지게 될지 예측이 가능합니다. 특히 재무적 강점과 함께 약점과 위험을 알고, 개선을 위한 변화를 시작할 수 있습니다.

MGPS는 일반적인 재무상담과 강의가 재무행동과 재무상태에 중점을 두고 있는 것과 달리, 보이지 않는 심리와 신념·태도가 더 근본적이라고 생각합니다. 변화를 위한 자기이해는 보이지 않는 것을 인식하는 데서 출발합니다. MGPS는 보이지 않는 머니프레임을 볼 수 있도록 만든 진단도구입니다.

머니타입 _
돈에 대한 심리, 생각, 태도, 신념

    MGPS를 진단할 때에는 돈에 대한 관점을 4가지로 구분하여 진단하고, 그 결과를 머니타입으로 표현합니다. 돈에 대한 태도가 긍정적인지 부정적인지, 돈을 다룰 때 관계중심적인지 개인중심적인지, 돈에 대한 선택을 할 때 미래중심적인지 현재중심적인지, 그리고 미래를 바라볼 때 현실적인지 낙관적인지를 평가합니다.

| 머니타입 |

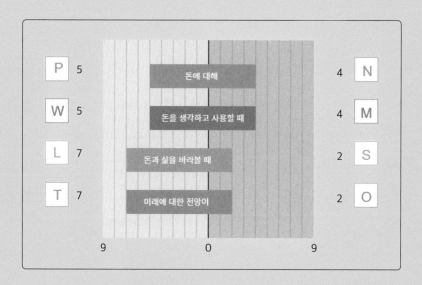

머니파워 –
4가지 영역의 지식과 실제 역량

MGPS는 벌기, 불리기, 쓰기, 지키기의 4가지 역량을 진단하여 밸런스휠의 형태로 나타냅니다. 바퀴가 잘 굴러가려면 동그라미가 균형을 갖추어야 하는 것처럼, 돈을 다루는 4가지 역량도 균형을 갖추어야 바람직한 모습입니다. 진단 결과를 보면 어떤 역량이 강하고 어떤 역량이 부족한지 알 수 있습니다.

| 머니파워 |

면적이 넓을수록, 형태가 원에 가까울수록 이상적입니다.

MGPS 진단으로 내가 왜 지금의 재정상태에 이르게 되었는지 알 수 있고, 나의 재정적 강점과 약점을 파악하여 스스로를 객관적으로 바라볼 수 있습니다. 그리고 재정적인 선택을 할 때는 어떤 부분에 중점을 두고 결정해야 할지 알 수 있습니다.

이제 여러분도 MGPS 진단을 통해 돈 문제를 해결할 수 있는 답을 찾기 바랍니다.

★

MGPS는 한국재무심리센터가 개발한 유료 프로그램입니다. 이 책의 독자들을 위해 특별히 제공되는 진단코드를 활용해 MGPS를 진단하고, 진단 결과를 통해 경제적 자유를 이루는 멋진 도전을 해보시길 권합니다. 진단 링크와 진단 프로그램에 대한 자세한 소개는 QR코드 또는 https://litt.ly/MGPS를 입력하신 후 안내에 따라 활용하면 됩니다.

Part 2

돈을 벌고,
불리고, 쓰고,
지키는 방법

MONEY
FRAME

1장

◆

부와 행복을 함께 키우는
머니프레임

'개 같이 벌어서 정승 같이 쓴다.'

돈을 벌 때 개 같이 벌면 안 되고,
돈을 쓸 때도 정승 같이 쓰면 안 된다.
돈을 벌 때도 나의 가치관과 삶의 방향에 맞게 벌고,
돈을 쓸 때도 가장 나답게 써야 한다.
벌고, 불리고, 쓰고, 지키는 모든 과정은 나다워야 하고,
그 나다움이 행복을 가지고 온다.

1

보통사람이
경제적 자유를 이루는 방법

이웃집 백만장자가 알려주는
투자의 지혜

2014년 5월 미국의 수많은 신문과 잡지들은 일제히 한 자선가의 이야기를 다루었습니다. 그는 자신이 투자 관련 책을 읽고 월스트리트저널을 읽었던 브룩스기념도서관에 120만 달러, 자신이 다녔던 브래틀버러기념병원에 480만 달러를 유산으로 남겼습니다. 적지 않은 기부를 한 자선가에 대해 사람들은 궁금해했고, 그가 어떤 사람인지 알려지면서 지금도 많은 사람들의 글과 책에 등장하고 있습니다.

로널드 제임스 리드(Ronald James Read)는 1921년 10월 23일에 태어나 2014년 6월 2일, 92세의 나이로 사망했습니다. 위키피디아는 그를 이렇게 소개합니다.

'미국의 자선가, 투자자, 관리인, 주유소 종업원'

리드는 1945년 군에서 명예제대 후 버몬트주 브래틀버러로 돌아와 약 25년 동안 주유소 종업원이자 정비공으로 일했습니다. 그리고 은퇴한 후 JC페니백화점에서 파트타임 청소부 일자리를 얻었고 1997년까지 17년 동안 일했습니다.

이런 리드의 일생과 600만 달러 기부라는 사실은 잘 연결이 되지 않습니다. 그래서 많은 사람이 궁금해했습니다. 그는 급여가 높은 직업에 종사한 적도 없고 유산을 받은 것도 아니고 금융이나 투자에 특별한 경력이 있는 것도 아니었습니다. 그런 그가 어떻게 그 많은 돈을 축적할 수 있었고, 또 그 많은 돈을 기부할 수 있었을까요?

그의 인생은 성실함, 검소함과 장기투자로 설명할 수 있습니다. 그는 오랫동안 자동차 정비공과 청소부로 일하며, 입는 것, 먹는 것, 타는 것 등에서 검소한 삶을 살았습니다. 그를 아는 사람들은 그를 '검소함의 전형'이라고 불렀다고 합니다.

하지만 검소함만으로는 그의 자산과 기부를 설명하지 못합니다. 그의 부의 비밀은 배당을 주는 우량주식에 장기투자를 한 것입니다. 그는 배당을 많이 주는 기업에 집중했고, 이를 재투자하여 추가로 주식을 매수하며 부를 키웠습니다.

리드의 투자, 그리고 그의 유산은 우리네 보통사람들에게 희망과 도전의식을 심어줍니다. 그가 했다면 우리도 할 수 있지 않을까요? 모건 하우절은 《돈의 심리학》에서 로널드 리드와 대비되는 한 인물을 소개합니다. 하버드 MBA를 졸업하고 메릴린치의 중역으로 한때 잘 나갔던 금융인이지만 금융위기에 파산한 리처드 퍼스콘입니다. 누가 보더라도 부와 성공은 로널드 리드보다는 리처드 퍼스콘에게 더 어울리는 것 같습니다. 모건 하우절은 이렇게 말합니다.

"로널드 리드가 하버드대학교를 졸업한 의사보다 심장이식 수술을 잘했다는 이야기는 상상할 수 없다. 최고의 교육을 받은 건축가보다 고층빌딩을 더 잘 설계했다는 스토리 역시 마찬가지다. 잡역부가 세계 최고의 원자력 엔지니어보다 나은 성과를 냈다는 뉴스는 과거에도 없었고 앞으로도 절대 나오지 않을 것이다. 그러나 투자의 세계에서는 이런 것이 가능하다."

맞는 말이죠? 우리 주위를 돌아보면 부자는 성적순이 아니고 학벌순도 아니고 인맥순도 아닙니다. 부와 가난은 돈에 대한 생각과 태도가 결정합니다. 그래서 로널드 리드의 이야기가 참 좋습니다. 이 책을 읽는 독자들이 하버드를 졸업하지 않았더라도, SKY를 졸업하지 않았더라도 로널드 리드처럼 경제적 자유를 이루고 자신이 원하는 곳에 큰 금액을 기부하는 삶을 살 수 있다는 것을 알려주니까요.

로널드 리드가 성실하게 일하는 사람이 아니었다면, 은퇴 이후에도 계속 일하는 사람이 아니었다면, 그가 검소하지 않았다면, 그가 안전한 저축만 고집하거나 투자에 실패했다면 그의 자산은 800만 달러가 넘는 큰 자산으로 자라지 못했을 겁니다. 그리고 거액을 유산으로 남기지 못했을 겁니다.

그런데 이처럼 성실함, 검소함, 장기적인 투자로 만들어 낸 스토리는 계속 이어질 수 있을까요? '특별한 사람의 위대한 이야기'가 아니라 '보통사람의 위대한 이야기'가 우리에게도 가능한지 알아볼까요?

보통사람이
경제적 자유를 이루는 방법

통계청에서 발표하는 가구별 소득을 보면 2024년 4/4분기 우리나라의 가구별 평균소득은 521만 원이고 흑자액은 130만 원입니다. 이를 기초로 평균적인 가상의 가정을 대상으로 경제적 자유를 이루는 방법을 알아봅시다. 한 달에 수입이 500만 원이고, 400만 원을 지출하고 100만 원을 저축하는 가정을 가상해 볼게요.

현재 이 가정은 매월 100만 원을 3% 이자를 주는 은행에 저축하고 있습니다. 그럼 10년, 20년, 30년이 지나 40년이 되면 원금 4억 8,000만 원은 9억 2,837만 원이 됩니다. 훌륭합니다. 부동산을 제외하고 금융자산으로 10억 가까이 가지고 있다면 참 좋은 일입니다. 하지만 40년 뒤에 이 돈은 얼마나 가치가 있을까요? 물가상승률을 3%로 잡는다면 지금 가치의 1/4이 조금 넘을 것이고, 물가상승률을 4%로 잡으면 1/4이 채 안 됩니다.

간단하게 이렇게 계산해 볼게요. 9억 2,837만 원을 10억이라고 어림잡고 10억 원을 은행에 예금하여 3% 이자를 받는다고 생각해 봅시다. 10억 원의 3%면 원금을 깨지 않고 연간 3,000만 원의 이자를 얻을 수 있고, 이는 매월 250만 원 정도가 됩니다. 하지만 40년 뒤 250만 원의 가치는 현재가치로 50~60만 원 정도밖에 안 됩니다. 저축이나 금리상품을 이용하는 사람들의 안타까운 현실이 바로 여기에 있죠. 노후에 쓸 자금으로는 형편없습니다.

이 문제를 해결하는 방법은 첫째 돈을 더 많이 벌어서 저축·투자 여력을 높이는 것이고, 둘째 쓰는 돈을 절약해서 저축할 수 있는 금액을 키우는 것입니다. 야근을 하든 주말에 아르바이트를 하든 소득을 50만 원 높이고 지출을 50만 원 줄인다면 매월 200만 원을 저축할 수 있겠죠. 그러면 18억 5,675만 원이라는 큰돈을 모을 수 있습니다. 그럼 이

구분	현재		더 벌고 덜 쓰기		수익률 상승 (6%)		Portfolio (10%)	
가정	수입	500	수입	550	수입	550	수입	550
	지출	400	지출	350	지출	350	지출	350
	저축/투자	100	저축/투자	200	저축/투자	200	저축/투자	200
	수익률	3%	수익률	3%	수익률	6%	수익률	10%
기간	저축액	투자성과	저축액	투자성과	저축액	투자성과	저축액	투자성과
10년	12,000	14,009	24,000	28,018	18,000	32,940	18,000	41,310
20년	24,000	32,912	48,000	65,825	36,000	92,870	36,000	153,139
30년	36,000	58,419	72,000	116,839	54,000	201,908	54,000	455,865
40년	48,000	92,837	96,000	185,675	72,000	400,290	72,000	1,275,356

(단위 : 만원)

돈의 연간 이자는 5,570만 원이고, 월 464만 원의 이자를 받을 수 있습니다. 하지만 지금 가치로 100만 원이 조금 넘는 돈일 뿐이어서 이 돈도 생활비로 쓰려면 부족합니다.

그렇다면 이제 우리는 수익률을 높이는 것을 방법을 생각해 봐야 합니다. 매월 200만 원을 투자하여 연평균 6% 수익률을 얻을 수 있다면 10년마다 적립금은 3억, 9억, 20억이 되고, 40년 뒤에는 40억 원이 됩니다. 그리고 40억 원을 6%로 운용하여 이자로 받을 수 있는 돈은 매년 2억 4,000만 원입니다. 매월 2,000만 원을 쓸 수 있고 현재가치로 500만 원 정도가 되니 꽤 훌륭합니다.

만약 투자를 잘해서 10%의 수익을 얻는다면 적립금은 매 10년마다 4억, 15억, 45억으로 늘어나고, 40년 뒤에는 127억 원이 됩니다. 앞에서 봤던 로널드 리드의 스토리가 만들어지는 것이죠. 127억 원을 10%로 운영하여 얻는 이자로 생활한다면 매년 12억 7,000만 원을 쓸 수 있고, 이는 매월 1억이 넘는 돈, 지금 가치로 2,500만 원이 넘는 돈을 쓰면서 살 수 있습니다.

전문가들마다 생각이 다를 수 있지만, 표에서 사용하는 6% 수익률은 물가상승률을 이기고 자산을 키우기 위한 최소한의 수익률이고, 10%는 적절하게 운용하면 기대할 수 있는 수익률입니다.

물론 위의 표가 보여주는 숫자는 여러 가지 변수에 따라 달라질 수 있고, 단순한 상황을 가정한 것입니다. 그래서 좀 아는 분들은 다양한 사례를 이야기하면서 문제제기를 할 수도 있습니다. 하지만 이 표가 알려주는 몇 가지 핵심개념은 그 누구도 반박할 수 없을 것입니다.

첫째, 돈을 버는 것이 시작입니다. 400만 원을 쓰고 사는 가정에서 소득이 400만 원보다 작으면 이런 멋진 스토리는 만들어지지 않습니다. 투자할 돈이 없으니까요. 그래서 머니스토리의 시작은 '벌기'입니다. 쓰고 남을 만큼 벌어야 합니다.

둘째, 지출관리를 잘해야 합니다. 돈을 잘 관리해서 저축이나 투자할 수 있는 돈을 남겨야 합니다. 500만 원을 벌든, 1,000만 원을 벌든 다 써버리면 답이 없습니다. 돈을 적절하게 관리할 수 있는 원칙과 기준, 그리고 시스템이 필요합니다.

셋째, 돈을 잘 불려야 합니다. 은행에서 주는 이자로는 100억 스토리를 만들 수 없습니다. 공부도 하고 코칭도 받아서 돈을 적절하게 잘 불려야 원하는 머니스토리를 만들 수 있습니다.

로널드 리드의 머니스토리, 위의 표를 통해 만들어 본 머니스토리는 추월차선이나 기적을 말하지 않습니다. 보통사람들이 조금 더 벌고, 조금 더 아끼고, 조금 더 불리면 만들 수 있는 스토리입니다. 다만 시간이 그 스토리를 완성할 때까지 인내할 수 있어야 합니다.

추월차선을 타고 싶은 사람들

많은 사람은 부와 성공을 얻기 위해 로널드 리드와는 다른 스토리를 만들고 싶어합니다.

어떤 사람은 '벌기로 승부를 걸어야 한다'고 생각합니다. 잘 벌면 아껴 쓰지 않아도 되고 골치 아프게 투자하지 않아도 된다고 생각합니다. 현재 500만 원 벌고 있는 사람이 어느 날 갑자기 부자가 되겠다고 선언하고 1,000만 원 벌기에 도전합니다. 그 도전이 성공할 수 있을까요? 불가능한 것은 아니지만 쉽지 않습니다. 우리가 현재 벌고 있는 소득은 오랜 세월 만들어 온 학력, 경력, 인맥 등 다양한 변수들이 작용한 결과입니다. 때로 극적인 변화가 없는 것은 아니지만 500만 원을 벌던 사람이 1,000만 원을 목표로 삼으면 문제가 생깁니다. 몸에 문제가 생기거나 관계에 문제가 생기거나 해서는 안 되는 일을 하게 됩니다.

어떤 사람은 '방법은 투자밖에 없다'라고 생각합니다. 6~10%가 아니라 30%, 50% 수익을 목표로 합니다. 더 높은 수익을 추구하는 사람도 물론 있습니다. 세계 최고의 투자자인 워런 버핏의 연평균수익률이 20% 내외인데, 그보다 훨씬 높은 수익을 달성하려고 하는 사람들이 많다는 사실은 매우 놀랍지만 현실입니다. 이런 무모한 도전은 자산을 키우기는커녕 큰 손실로 끝날 가능성이 높습니다.

어떤 사람은 부자가 되려면 '돈을 아껴 쓰는 방법'밖에 없다고 생각합니다. 400만 원을 쓰고 살아오던 사람이 '나도 이제 부자가 될 거야'라고 결심하고 한 달에 200만 원만 지출하기로 목표를 세웁니다. 평소 과소비하던 사람이야 소비를 절반으로 줄일 수 있겠지만 이런 결심은 스스로를 힘들게 합니다. 지금까지 누리던 즐거움과 행복을 포기해야 하고, 친구와의 만남도 끊고 자신과 가족들에게 인색한 사람이 되어야 합니다. 이렇게 어려운 시간을 보내다 결국 대부분 포기합니다.

물론 운과 성실함이 만나 큰 부를 이루는 사람도 있고, 최대한 아끼면서 독하게 모은 돈으로 집을 사고 땅을 사서 부자가 된 사람도 있습니다. 그리고 밤낮으로 공부하고 세미나에 참석하고 배팅을 잘해서 좋은 주식이나 코인으로 대박을 터뜨리는 사람도 있습니다. 하지만 이런 삶을 추구하는 데에는 2가지 문제가 있습니다. 하나는 실패할 가능성이 높다는 것이고, 또 하나는 과정이 행복하지 않을 가능성이 높다는 겁니다. 성공할 확률이 높지 않은 것에 나의 행복을 배팅하는 것은 무모하기도 하고 바람직하지도 않은 일입니다.

나의 머니스토리가
나의 라이프스토리

내가 어떻게 벌고, 어떻게 불리고, 어떻게 쓰고, 어떻게 지키느냐가 나의 머니스토리이고, 그것이 바로 나의 라이프스토리입니다. 돈에 대한 이해를 바탕으로 한 돈에 대한 건강한 프레임과 돈을 다루는 역량이 없으면 나의 머니스토리는 가난한 머니스토리, 가난한 라이프스토리가 될 가능성이 높습니다. 추월차선이 아니라 나답게 벌고 나답게 쓰고 나답게 불리면서 경제적 자유를 이루어가는 과정이 부와 행복을 함께 키우는 과정이고, 멋진 머니스토리와 멋진 라이프스토리를 만들어가는 과정입니다.

2

부와 행복을
함께 키우기

돈과 행복에 대한 서로 다른 두 가지 생각이 있습니다. 돈이 모든 문제의 해결책이라고 생각하는 사람들, 돈이 나를 행복하게 해줄 것이라고 생각하며 살아가는 사람들이 있습니다. 이들에게 솔로몬 왕은 이렇게 말합니다.

"헛되고 헛되며 헛되고 헛되니 모든 것이 헛되도다. 해 아래 수고하는 모든 수고가 사람에게 무엇이 유익한가?" (전도서1:1)

역사상 최대의 부자라고 언급되는 솔로몬 왕, 세상 부귀영화를 다 누리고 온갖 쾌락을 맛본 후에 남긴 그의 말은 돈을 쫓는 많은 사람들을 당황스럽게 합니다. 부와 성공을 이룬 사람들 중에 솔로몬의 허무를 느끼는 사람들은 그 허무함을 달래기 위해 도박을 하기도 하고 마약을 하기도 하고 온갖 재미와 쾌락을 추구하기도 합니다.

돈이 없어도 행복할 수 있다고, 돈은 중요한 것이 아니라고 주장하는 사람들도 많습니다. 당연히 돈이 많다고 행복한 것은 아니죠. 하지만 우리가 살아가며 생기는 많은 문제는 돈이 없어서 생기는 문제고, 돈이 있으면 그 문제를 해결할 수 있습니다. 그래서 돈이 없어도, 가난해도 행복할 수 있다는 말은 대부분 거짓말입니다.

이처럼 부와 행복, 돈과 삶을 구분해서 보는 관점은 후회를 불러오곤 합니다. 돈을 맹목적으로 추구해서도 행복할 수 없고, 돈을 무시해서도 행복하기 어렵습니다. 그래서 부와 행복을 함께 추구하는, 부와 행복을 함께 키우는 프레임이 필요합니다.

이 책을 읽는다고 해서 소득이 갑자기 늘고 투자수익이 엄청나게 커지는 드라마틱한 변화는 이루어지지 않습니다. 하지만 이 책을 통해 돈과 삶을 통합적으로 바라보면서 조금 더 벌고, 조금 더 아껴 쓰고, 조금 더 불리는 지혜를 얻을 수 있습니다. 그리고 그 과정이 돈 따로, 행복 따로가 아니라 돈과 행복을 함께 추구하는 과정이 될 수 있습니다.

머니프레임 코칭

머니프레임 코칭(Money Frame Coaching)이란 '돈과 삶에 대한 통합적인 관점에서 고객이 원하는 재무적인 목표를 스스로 수립하고, 목표를 달성할 수 있는 자원을 찾고, 계획을 세워 실행할 수 있도록 지원하는

M	MGPS & Money Story (MGPS 진단과 머니스토리)
O	Objective Setting (목표 설정)
N	Now & Here (현재 상태 진단)
E	Explore Options (옵션 탐색)
Y	Your Action (당신의 행동)

과정'입니다. 그리고 머니프레임 코칭에서는 MONEY라는 단어를 가지고 대화모델을 만들어 활용하고 있습니다. 셀프코칭을 할 때도 이 프로세스를 따르면 도움이 됩니다.

1) M : MGPS & Money Story(MGPS 진단과 머니스토리)

내가 현재 어디에 서 있는지를 알기 위해서는 첫 번째 M단계에서 MGPS 진단을 통해 자신의 머니스토리를 정리해 봅니다. MGPS의 진단 결과는 내가 살아오면서 경험하고 고민하고 정리한 시간들의 결과물입니다. 진단 결과는 나의 머니스토리를 이해하는데 도움이 되고, 나의 머니스토리를 이해하면 나의 진단 결과가 어떤 과정에서 형성되었는지 알 수 있습니다.

2) O : Objective Setting(목표 설정)

현재 있는 곳에서 어디로 가고 싶은지, 목표를 설정하는 단계입니다. 소득은 얼마나 더 많으면 좋을지, 저축이나 투자는 얼마나 더 하면 좋을지, 경제적인 여유가 있으면 하고 싶은 것, 사고 싶은 것은 무엇이고 여행은 어디로 가고 싶은지 등 내가 원하는 것을 적어 보면 어떤 변화가 필요한지, 무엇을 시작해야 할지 알 수 있습니다.

3) N : Now & Here(현재 상태 진단)

나의 머니프레임, 나의 머니스토리가 만든 결과물이 현재 나의 재무상태입니다. 재무상태는 어느 시점에 자산이 얼마이고 부채가 얼마인지도 중요하지만 현재 소득과 지출은 어떠한지, 매월 매년 나의 자산이 불어나고 있는지, 부채가 늘어나고 있는지도 중요합니다. 이런 구체적인 부분을 정리해 보면 어떤 문제가 있는지, 나의 머니프레임이 만든 결과가 향후 어떤 미래를 만들어 낼지 예측할 수 있습니다.

4) E : Explore Options(옵션 탐색)

내가 활용할 수 있는 다양한 자원들을 찾아보는 단계입니다. 소득을 더 키우고 싶다는 목표를 세웠다면 먼저 지금 벌고 있는 돈보다 더 많이 벌기 위해 무엇을 해야 할지 찾아봐야 합니다. 그리고 지금 하는 일 외에 또 벌 수 있는 것이 있는지, 더 오래 일할 수 있는 방법이 있는지도 찾아봐야 합니다. 사업 아이디어, 나에게 맞는 아르바이트, 다른 사람과의 협업 등 소득을 키우기 위해 할 수 있는 일들은 많은데 자각하지 못하고 있을 때 '또 다른 수입을 얻을 수 있는 방법은 없나요?'라는 단순한 질문이 해결책을 찾는데 도움이 될 수 있습니다.

5) Y : Your Action(당신의 행동)

구체적인 실행계획을 세우고, 실행하고 난 후 피드백을 진행하는 단계입니다. 좋은 방안을 찾고 누구나 성공할 것 같은 계획을 짜더라도 늘 성공이 보장되는 것은 아닙니다. 그리고 실제로 실행할 때 발생할 수 있는 수많은 위험과 기회에 대해 우리는 미리 알 수 없습니다. 그래서 늘 실행과 피드백 과정이 매우 중요합니다.

부와 행복을 함께 키우는 머니프레임 코칭

벌기, 불리기, 쓰기, 지키기의 4가지 영역에 대한 개인들의 머니프레임이 있습니다. 어떤 사람은 열심히 벌려고 하고, 어떤 사람은 일과 삶의 균형을 중요하게 생각합니다. 어떤 사람은 위험하더라도 투자를 통해 돈을 불리려고 하고, 어떤 사람은 안전을 최고의 가치로 둡니다. 어떤 사람은 미래를 위해 현재 소득 중 많은 부분을 저축해야 한다고 생각하고, 어떤 사람은 현재의 행복이 가장 중요하다고 생각합니다. 이렇게 다른 생각들이 돈을 벌고 불리고 쓰고 지키는 데 있어서 다른 행동을 하도록 만듭니다.

부와 행복을 함께 키우는 것을 목적으로 하는 머니프레임 코칭은 돈의 4가지 영역에서 건강하고 균형 잡힌 머니프레임을 제안하고, 돈을 다르게 볼 수 있는 관점을 제공합니다. 머니프레임을 통해 그동안 내

| 돈의 4가지 영역과 머니파워 |

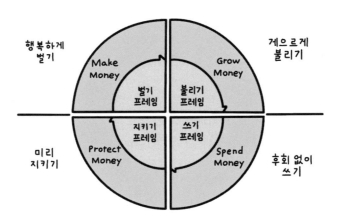

가 보지 못했던 것을 보면 재무행동에 변화를 일으킬 수 있습니다. 그리고 돈을 다루는 역량을 키울 수 있도록 누구나 실행할 수 있는 쉽고 간단한 방법들과 도구를 제안합니다.

Part 2에서는 돈의 4가지 영역에서 구체적인 변화를 만드는 생각과 도구와 방법들을 알아보려고 합니다. 이 방법들은 때로는 단기적으로 큰 변화를 만들어 낼 수 있습니다. 하지만 그렇지 않더라고 실망하지 말고 계속 노력해 나가면 반드시 좋은 결과를 얻을 수 있습니다. 그 여정에서 부와 행복이 함께 자라나는 경험을 하게 될 것입니다.

MONEY
FRAME

2장

◆

행복하게 '벌기'

"위대한 일을 하는 유일한 방법은
자신이 하는 일을 사랑하는 것이다." (스티브 잡스)

자신의 일을 사랑하는 사람은
일에 대한 태도가 다르다.
같은 일을 하더라도
다른 태도를 가진 사람은
다른 결과를 만들어 낸다.
'행복하게 벌기'는
자신의 일을 사랑하는 사람들이 알려주는
부와 행복을 함께 키우는
첫 번째 비밀이다.

1

'행복하게 벌기'의
의미

일과 노동에 대한
부정적인 프레임

직장에서 맡은 일을 열심히 하는 사람, 식당 매출을 높이기 위해 레시피를 만들고 새로운 메뉴를 개발하는 사람, 신규 고객을 만들기 위해 밤늦게까지 제안서를 쓰는 사람들이 있습니다. 칭찬받고 인정받아야 할 사람들인데, 이들에 대한 비난과 폄하에 우리는 익숙합니다.

돈에 눈이 멀었다, 돈만 밝힌다, 물질만능주의자다, 개미처럼 일만 한다, 돈에 찌들었다, 돈 버는 기계 같다, 돈 때문에 인생을 낭비하고 있다, 돈에 집착하고 돈이 최고라고 생각한다, 돈 욕심에 끝이 없다, 노예처럼 일만 한다, 돈 때문에 가족을 돌보지 않는다 …

물론 우리는 무언가에 대해 부정적인 태도를 취할 수 있습니다. 문제는 부정적으로 바라보는 무언가를 잘 이해하고 활용하기는 어렵다는 사실입니다. 우리가 '돈을 버는 것'에 대해 부정적인 프레임을 가지고 있으면 돈을 잘 버는 법, 돈을 잘 버는 사람들의 특징, 돈을 버는 사람들이 어떤 노력을 하고 있는지 알려고 하지 않고, 그런 콘텐츠들을 무시하고 회피하게 됩니다. 그 결과 돈을 제대로 벌지 못하는 사람이 되어 버립니다.

왜 '행복하게 벌기'인가?

'행복하게 벌기'란 무엇일까요? 돈 벌기에 대한 부정적인 생각이나 태도를 바꾸고 행복하게 벌 수 있다면 어떤 일이 생길까요? 어디선가 들어봤을 '벽돌공 이야기'로 행복하게 벌기에 대해 알아볼까요?

성당을 건축하는 현장에서 일하는 벽돌공들에게 이렇게 물었습니다.
"지금 뭐 하고 계시나요?"
한 사람은 이렇게 말했습니다.
"보면 몰라요. 벽돌 쌓고 있잖아요!"

다른 한 사람은 이렇게 말했죠.

"먹고살려고 일하고 있잖아요!"

또 다른 한 사람은 이렇게 말했습니다.

"세계 최고의 성당을 짓고 있지요."

첫 번째 사람의 "보면 몰라요, 벽돌 쌓고 있잖아요"라는 대답에는 그 사람의 일에 대한 태도, 짜증스러움과 일에서 오는 피곤함이 드러납니다. 두 번째 사람의 "먹고살려고 일하고 있잖아요"라는 대답에는 생계를 유지해야 하는 수고와 힘듦이 느껴집니다. 하고 싶지 않지만 먹고살기 위해 어쩔 수 없이 일을 해야 하는 사람의 말입니다. 세 번째 사람의 대답에는 '일에 대한 자부심과 건강한 태도'가 드러납니다.

세 사람 중 누가 가장 행복할까요? 같은 일을 하면서도 어떤 사람은 자신이 하는 일을 말하고, 어떤 사람은 생계를 위해 일한다고 말하고, 어떤 사람은 '의미'를 이야기합니다. 당연히 세 번째 사람이 더 행복하고 바람직한 태도라고 볼 수 있습니다. 여기까지가 심리학자들의 이야기입니다. 여기서 한 걸음 더 나가볼까요?

이 세 사람이 쌓아 올린 벽돌담은 견고함과 정교함에서 같은 수준일까요? 아마 다를 겁니다. 먹고살기 위해 일하는 벽돌공이 쌓아 올린 담과 '세계 최고의 성당을 만들고 있다'라는 생각을 하면서 쌓아 올린 담이 같을 리 없습니다. 같은 공간에서 같은 시간 동안 일을 했어도 그 결과는 다를 겁니다. 우리가 늘 일의 현장에서 발견하는 모습이죠.

우리가 만약 다른 성당을 짓게 된다면 누구와 다시 일하고 싶을까요? 당연히 세 번째 사람에게 제안할 것이고, 더 많은 돈을 주더라도 그 사람과 일하고 싶을 겁니다. 충분히 가치가 있으니까요. 자신이 하는 일에 의미를 부여하고 행복하게 일하는 사람은 더 좋은 성과를 내고 더 많은 돈을 벌게 됩니다.

행복과 생산성의 연관성

'벌기'가 늘 즐겁고 재미있지는 않지만 내가 하는 일에 긍정적이고 적극적인 태도를 가지고 성장 마인드로 임하면 우리의 일과 노동은 행복해지고, 그 속에서 우리의 벌기 역량은 더 커질 수 있습니다. 너무 낭만적이고 이상적인가요?

2015년에 발표된 논문 〈Happiness and Productivity〉에서 오스월드 교수와 그의 동료들은 행복과 생산성 사이의 긍정적인 연관성을 밝혀 냈습니다.

> "우리는 전통적인 인센티브 제도하에서 행복이 사람들의 생산성을 높인다는 것을 발견했습니다. 무작위로 선택된 개인들을 대상으로 3가지 유형의 실험을 진행했습니다. 실험에서 선택된 개인들은 더 행복을 느낄 수 있도록 조치를 취했습니다. 그러자 그들의 생산성 은 약 12% 더 높게 나타났습니다."

논문에서는 즐거운 영상을 보고, 간식을 먹고, 즐거운 기억이 있으면 생산성이 올라간다고 합니다. 이런 논문을 보지 않더라도 긍정적인 정서를 가지고 행복하게 생활하는 사람들이 부자가 되고 성공할 가능성이 높다는 것을 쉽게 알 수 있습니다.

당신이 직장인이라면 이런 상상을 해볼까요. 회사가 폭발적으로 성장할 만한 대단한 프로젝트가 있고, 당신은 그 프로젝트의 인사담당자입니다. 당신은 누구에게 이 좋은 기회를 제안할까요? 평소에 늘 밝고 건강하고 긍정적인 동료인가요? 아니면 우울하고 불만과 불평이 많은 동료인가요?

조금만 생각해 보면 행복한 사람이 부자가 될 기회가 훨씬 많다는 것, 돈을 많이 벌려면 먼저 더 행복해져야 한다는 것을 우리는 알 수 있습니다.

행복한 사람들이 돈을 더 법니다.
행복한 사람들이 승진할 가능성이 더 높고,
행복한 사람들이 더 많은 시간을 업무에 집중하고,
행복한 사람들이 더 창의적인 결과를 만듭니다.

돈을 많이 버는 사람들을 묘사한 모습들을 가만히 살펴보면 '행복하게 벌기'가 많이 나타납니다. 따뜻하고 건강하지만 돈이 되는 이야기, 남을 해치지 않고 시기와 질투가 없지만 돈을 더 잘 버는 이야기는 대부분 '행복하게 버는' 이야기들입니다. 물론 지독한 부자, 나쁜 부자, 불행한 부자들도 많지요. 그런데 그런 사람들의 이야기를 할 필요가 있을까요? 우리가 원하는 것이 아닌데 말이죠.

우리가 '벌기'에 대해 부정적이든 긍정적이든, 지겨워하든 아니든 우리는 돈을 벌어야 합니다. 벌고 불리고 쓰고 지키는 머니프레임의 출발점은 벌기니까요. 벌기가 없이 머니스토리를 만들 수 없습니다. 부와 행복을 함께 키우기 위해서는 당연히 '벌기' 역량을 키워야 합니다. 현재 벌고 있는 소득보다 조금 더 벌기 위해 벌기 역량을 계속 키워 나가면 우리의 소득은 점점 더 커질 수 있습니다. 다음 달부터 당장 수입이 2배가 되진 않겠지만 시간이 좀 더 흐르고 쌓이면 10배, 20배가 넘는 소득을 벌 수도 있습니다. 그렇게 늘어난 소득을 잘 관리하고 적절하게 투자하면 우리의 꿈과 목표를 이룰 수 있습니다.

평생소득을 키우는 3가지 방법

행복하게 벌기를 통해 소득을 키우는 방법들을 알아보기 전에 평생소득의 의미와 평생소득을 키우는 3가지 방법에 대해 먼저 알아보겠습니다.

'평생소득'이란 개인이 인생 전체를 통해 벌어들이는 소득을 말합니다. 평생소득은 소득의 크기(Income), 소득의 개수(Number), 소득기간(Time)의 3가지 변수에 의해 결정됩니다.

평생소득 = Income × Number × Time

평생소득은 당연히 소득의 크기에 따라 달라집니다. 그리고 현재 벌고 있는 소득이 같더라도 또 다른 소득이 있다면 평생소득이 달라집니다. 소득의 크기와 개수가 같다고 하더라도 소득기간에 따라 평생소득이 달라집니다. 따라서 100세 시대가 된 지금, 우리의 관심은 현재 소득의 크기만 바라보는 프레임에서 벗어나 얼마나 다양한 소득이 있는지, 그리고 그 소득을 언제까지 계속 만들 수 있는지로 확장되어야 합니다. 그렇다면 평생소득을 키우는 방법은 바로 '더 많이 벌기' '또 벌기' '더 오래 벌기'가 되겠죠.

1) 더 많이 벌기

'많이 벌기'라는 의미는 말 그대로 급여나 소득, 매출 등의 크기를 키우는 것입니다. 한 달에 월급 300만 원을 받던 사람이 야근을 하거나 프로젝트를 수행해서 330만 원을 버는 것, 월 매출 1억 원 하던 식당 사장님이 신메뉴를 개발해 매출을 1억 5,000만 원으로 높여 소득을 더 많이 가져가는 것을 '더 벌기'라고 말합니다. 이처럼 자기계발을 통해 생산성을 높이거나 더 많은 시간을 일하면 더 많이 벌 수 있습니다. 물론 이것이 말처럼 쉬운 일은 아닙니다. 직장생활을 하면서 자신을 업그레이드시킨다는 것은 대단한 노력과 성의를 요구합니다. 음식점을 하면서 더 맛있고 영양가 높은 메뉴를 개발하는 것도 쉽지 않습니다. 하지만 할 수만 있다면 '또 벌기'나 '더 오래 벌기'보다는 쉬운 것 같습니다.

왜냐하면 하는 일을 조금만 더 열심히, 지혜롭게, 새롭게 하면 되기 때문이죠.

하지만 직장에서 정해진 월급을 받거나 영세한 규모의 회사에서는 더 많이 벌기가 어렵죠. 이런 분들은 '또 벌기'나 '더 오래 벌기'를 통해 평생소득을 키워야 합니다.

2) 또 벌기

'또 벌기'는 지금 하고 있는 일 외에 또 다른 소득을 만드는 겁니다. "지금 하고 있는 일 외에 또 벌기를 할 수 있는 방법이 있나요?"라고 질문하면 대부분 "저 지금 하는 일도 힘들어요"라는 반응을 보입니다. 인정합니다. 우리는 대부분 현재 하고 있는 일을 제대로 해나가기에도 벅찹니다. 하지만 또 벌기를 힘들지 않게 할 수 있다면, 또 벌기를 통해 더 벌지 않으면 우리가 원하는 인생을 살 수 없다면 또 벌기를 적극적으로 해야 하지 않을까요?

많은 사람이 "지금 하는 일도 힘들어요"라고 말하면서 떠올리는 '또 벌기'는 내가 원하지 않는 일, 내가 하고 싶지 않은 일, 나의 꿈이나 취향과 상관없이 돈을 벌기 위해 퇴근을 하고 나를 괴롭혀야 하는 것으로 생각합니다. 하지만 '행복하게 벌기'라는 프레임으로 바라보는 '또 벌기'는 행복하게 또 벌기입니다. 돈을 벌기 위해 퇴근하고 독하게 투잡, 쓰리잡을 하라는 말이 아닙니다.

저의 또 벌기는 '글쓰기'입니다. 저는 40대 중반에 '글쓰기'를 좋아하고 나름 재주가 있다는 것을 알게 되었습니다. 1년 동안 경제주간지

〈이코노미스트〉에 '신성진의 세상사 속 돈 이야기'라는 고정칼럼을 썼습니다. 수준 높은 경제지에 내 이름을 걸고 고정칼럼을 쓸 수 있다는 것은 매우 영광스러운 일이었지만 매주 글을 쓴다는 것은 쉬운 일이 아니었습니다. 하지만 재미있는 글을 쓰기 위해 영화, 드라마를 복기하고 메모를 점검하고 밤새워 글을 쓰고 난 후 원고를 보내고 나면 참 뿌듯했고, 그 글들을 모아 책까지 출간했을 때는 엄청 기뻤죠.

이때 저에게는 글을 쓰는 것이 '또 벌기'였습니다. 한 달(4회) 원고료가 월급의 10%가 넘었으니 꽤 괜찮은 또 벌기였습니다. 이처럼 좋아하는 일을 하며 버는 '또 벌기'는 우리를 불행하게 만들지 않습니다.

남들보다 잘하는 것, 좋아하는 일로 또 벌기까지 한다면 부와 행복을 함께 키우는 방법이 아닐까요? 다양한 온라인 강의 플랫폼에 가보면 자신의 취미나 자기가 좋아하고 잘하는 일로 돈을 벌고 있는 많은 사람을 볼 수 있습니다.

삶이 너무 힘들어서 희망을 만들기 위해 시작한 블로그 글쓰기가 중요한 또 벌기가 된 후배, 사진을 좋아해서 스마트폰으로 사진 찍기를 하다가 사진 코칭을 하는 동료, 엑셀·파워포인트·노션 등을 활용하는 법으로 강의를 만드는 스마트한 지인들을 보면 참 부럽기도 하고 응원해 주고 싶은 마음도 듭니다. 자신이 가지고 있는 재능이나 취미를 활용해 행복하게 벌 수 있는 일을 찾으면 또 벌기는 고통스러운 시간이 아니라 즐거운 시간, 행복을 키워나가는 시간이 됩니다.

3) 더 오래 벌기

'오래 벌기'는 100세 시대에 매우 중요한 개념입니다. 프랑스에서는 정년 연장에 반대하는 데모가 벌어진다는데 우리나라에서는 정년 연장을 요구하는 파업을 합니다. 더 일해야 하는 상황에 있는 사람들이 많기 때문이겠죠. 그런데 퇴직 이후에도 생계를 위해 내가 원하지 않는 일을 해야 한다면 슬픈 일일 겁니다. 그래서 '행복하게 오래 벌기'가 중요합니다.

오래 벌기를 이야기할 때면 저는 항상 《백년을 살아보니》라는 책을 쓴 김형석 교수님을 소개합니다. 저는 김형석 교수님의 책을 아주 오래전 고등학교 1학년 때 만났습니다. 40년 전에도 연세대학교 노교수셨는데, 지금도 책을 쓰고 칼럼을 쓰고 방송에 출연하고 강의를 하십니다. 아마도 원고료나 강사료가 일반 강사들보다 훨씬 많지 않을까요? 《백년을 살아보니》라는 책을 읽고 '김형석 교수님처럼 100세까지 코칭하고 강의하고 책 쓰면서 살아야겠다'라고 생각했습니다. '오래 벌기'의 모델이시니까요.

《백년을 살아보니》와 비슷한 시기에 읽은 책이 조정진 작가의 《임계장 이야기》라는 책입니다. 이 책은 지방 소도시에서 공기업 사무직으로 38년간 일하다 퇴직한 60대 노동자가 시급노동의 세계에 뛰어들며 경험한 3년간의 노동일지를 모아 엮은 책입니다. 딸의 결혼과 아들의 로스쿨 진학 등으로 퇴직 후에도 대출을 갚아야 하는 상황에서 저자는 아파트, 빌딩, 버스터미널을 전전하며 경비원, 주차관리원, 청소부, 배차원으로 일하며 겪은 시급 일터들의 팍팍한 현실을 알려줍니다.

임계장은 '임시 계약직 노인장'의 줄임말로, 실제 저자가 버스터미널에서 일할 때 주변에서 그를 부르던 이름입니다. 저자는 서문에서 많은 사람이 이 책을 읽고 노인들의 일자리 현실을 알기를 바라는 마음이지만 가족들은 읽지 않았으면 좋겠다는 바람도 함께 표현했습니다. 가족들이 가슴 아파할 것을 걱정하는 마음 때문입니다. 책에 나오는 내용 중에서 가장 웃픈 장면은 젊은 엄마가 아이와 함께 지나가면서 작가를 보고 아이에게 이렇게 말하는 장면입니다.

"너 공부 못하면 저 아저씨처럼 된다."

《백년을 살아보니》와 《임계장 이야기》의 대비되는 삶은 일의 의미와 더 오래 벌기에서 우리가 생각해야 할 다양한 시사점을 알려줍니다. 일과 직업의 귀천을 말하는 것이 아닙니다. 100세가 넘어서도 글을 쓰고 책을 쓰고 강의하면서 자신이 가장 잘하고, 하고 싶은 일을 하면서 살아가는 김형석 교수와 전혀 예상하지 않았던 노후를 임계장으로 살아가는 조정진 작가의 삶, 그 중간 어디엔가 은퇴자들의 삶이 위치하게 됩니다.

가능하다면 자신이 좋아하는 일을 하면서 돈을 벌 수 있다면, 커피를 배워 카페를 차리기도 하고, 목공을 배워 다양한 물건을 만들기도 하고, 역사 공부를 해서 가이드가 되기도 하면 평생소득도 키우고 행복하게 벌기를 하면서 원하는 삶을 살아갈 수 있지 않을까요? 그래서 행복하게 더 오래 벌기가 중요합니다.

행복하게 벌기를 이루는 3가지 힘

더 벌고, 또 벌고, 더 오래 벌기는 평생소득을 키우는 방법입니다. 그렇다면 '행복하게 더 벌기, 또 벌기, 오래 벌기'를 위해 필요한 능력은 무엇일까요?

인간에게는 인지능력과 비인지능력이 있습니다. 인지능력은 IQ, 사고력, 이해력, 논리력 등 지식과 정보를 처리하고 이해하는 능력을 말하고, 비인지능력은 지속력, 회복탄력성, 자기통제력, 감정조절력, 소통능력 등 다양한 분야에서 성공적인 삶을 살기 위해 필요한 능력입니다.

우리 주위에 성공한 사람들, 돈 벌기 역량이 있는 사람들은 인지능력과 비인지능력 중 어떤 것이 뛰어난 사람들일까요? 머리가 좋은 사람이 성공하는 걸까요? 열정과 끈기가 있는 사람이 성공하는 걸까요?

《그릿》《회복탄력성》등 베스트셀러 작가인 김주환 교수는 '자기동기력, 자기조절력, 대인관계력'으로 구성된 비인지능력이 성장과 성공에 중요하다고 주장합니다. 김주환 교수뿐만 아니라 베스트셀러 《GRIT(그릿)》의 저자 엔젤라 더크워스, 《드라이브》의 저자 다니엘 핑크 등 뇌과학과 성공학 분야의 많은 전문가들과 자기결정성이론을 비롯한 많은 심리학 연구들이 비인지능력의 중요성을 강조합니다.

'행복하게 벌기'에서는 일, 노동, 사업에 활용하는 비인지능력을 '시작하는 힘' '지속하는 힘' '함께하는 힘'으로 구분하여 정리했습니다. 부와 행복을 함께 키우는 벌기 역량은 3가지 힘을 통해 키울 수 있습니다.

2

벌기 1
시작하는 힘

행복하게 벌기를 구성하는 첫 번째 요소는 '시작하는 힘'입니다. 일을 대하는 태도를 바꾸고, 일에 대한 프레임을 바꾸면 행복하게 벌기를 시작할 수 있습니다.

벌기에 대한 프레임 바꾸기

행복하게 벌기 위해 가장 먼저 해야 할 일은 벌기에 대한 프레임을 바꾸는 일입니다. 많은 사람이 '돈을 버는 것' '돈을 벌기 위해 노력하는 것'에 대해 부정적이거나 소극적인 태도를 가지고 있습니다. 우리 주변에는 돈을 버는 일이 인생에서 그리 중요하지 않다고 생각하거나 돈을 벌려고 노력하는 모습을 부질없다고 폄하하는 사람들이 생각보다 많습니다.

돈을 버는 것에 대한 부정적인 생각들은 열심히 돈을 벌려고 하는 에너지를 감소시킵니다. 왠지 돈 말고 다른 무언가가 있어야 할 것 같고, 돈을 벌기 위해 내 영혼을 갈아 넣는 것은 문제가 있는 태도로 느껴집니다. 하지만 이런 태도로는 부자가 되기 어렵습니다.

행복하게 시작하는 힘은 돈 벌기에 대한 긍정적인 프레임에서 시작됩니다. 이런 프레임은 어떤가요?

'돈을 번다는 것은 사회적으로 의미 있는 가치를 만드는 것이다.'

내가 원하는 것이 아니라 다른 사람이 돈을 낼 만큼 가치가 있는 것을 생산할 때 우리는 돈을 벌게 됩니다. 성심당처럼 빵을 만드는 회사는 사람들이 좋아하고 맛있다고 인정하는 빵을 만들며 돈을 법니다. 튀김소보루처럼 가치가 있다고 인정하는 상품을 만들면 많은 사람이 가치를 인정하고 돈을 쓰게 되는 것이죠. 성심당이 돈을 많이 벌었다는 것은 많은 사람이 성심당이 생산해 낸 가치를 샀다는 것입니다. 다른 빵집보다 더 많은 사람에게 의미 있는 가치를 생산했을 때 성심당은 더 많은 돈을 법니다. 그러니 돈을 많이 버는 것은 참 좋은 일입니다.

저는 강의를 하는 사람입니다. 제가 하는 강의를 다른 사람들이 '가치 있다'라고 인정하면 저는 더 많은 강의를 하게 되고 더 많은 강사료를 받아 돈을 많이 벌 수 있습니다. 강의를 하는 사람이 돈을 못 번다는 것은 자신이 하는 강의의 가치를 인정받지 못했기 때문입니다.

'행복하게 벌기'에 대한 이야기를 나누다가 이렇게 문제제기를 하는 분이 있었습니다.

"저는 정말 좋은 마음으로 가치 있는 강의를 하고 있는데 돈은 못 벌어요. 저는 가치 있는 일을 하면 돈을 벌 수 있다는 말이 이해가 안 되는데요."

이분처럼 다른 사람들에게 도움이 되는 강의를 하고 있는데 소득은 높지 않은 사람들이 많죠. 안타까운 일이지만 다르게 생각해야 할 부분이 있습니다. 그분에게 이렇게 설명했습니다.

"돈을 번다는 것은 사회적으로 의미 있는 가치를 만드는 것입니다. 내가 좋아하고 내가 가치를 인정하는 것이 아니라 다른 사람들이 그 가치를 인정해야 합니다. 내가 좋아하는 강의가 아니라 다른 사람들이 좋아하고 인정할 만한 콘텐츠와 강의 실력이 필요합니다. 그것을 이해하지 못하면 행복할 수는 있지만 돈을 벌기 힘듭니다."

강의를 하는 사람은 강의 내용과 강의력으로 사람들에게 가치를 인정받습니다. 좋은 강의일수록 더 많은 소득을 얻을 수 있습니다. 음식을 만드는 사람은 맛과 영양으로 인정받을 때 돈을 많이 법니다. 더 좋은 음식일수록 더 많은 돈을 법니다. 이처럼 세상에 필요한 가치를 생산하는 사람들은 돈을 많이 벌면 많이 벌수록 더 많은 가치를 생산한 것이 되는 거죠. 그래서 돈을 많이 버는 것은 참 좋은 일입니다.

행복하게 벌기는 '돈 벌기'에 대한 긍정적인 정의와 태도에서 시작됩니다. 돈을 많이 버는 것에 대한 긍정적인 태도가 있을 때 치열하게 도전하게 되고, 성과가 났을 때 자랑스럽고 행복해집니다.

내가 하는 일,
새롭게 정의하기

내가 하는 일을 어떻게 정의하느냐에 따라 일에 대한 태도와 성과가 달라집니다. 앞에서 살펴본 '벽돌공 이야기'를 다시 생각해 봅시다. 세 사람은 자신이 하는 일에 대한 정의가 서로 달랐습니다. 한 사람은 단순히 벽돌을 쌓고 있었고, 한 사람은 먹고살기 위한 노동을 하고 있었고, 한 사람은 세계 최고의 성전을 짓고 있었습니다. 자신이 하는 일을 어떻게 정의하느냐에 따라 일에 대한 태도가 달라지고 성과도 달라집니다.

"당신은 어떤 일을 하는 사람인가요?"

강의를 할 때 자주 이런 이야기를 나눕니다. 벽돌공에게 했던 질문을 저에게 한다면 저는 어떤 대답을 할까요? 좀 짜증 나는 톤으로 "보면 몰라요, 강의하고 있잖아요." 이렇게 대답할 수도 있습니다. 아니면 좀 우울한 톤으로 "먹고살려고 강의하고 있잖아요." 이렇게 대답할 수도 있습니다. 하지만 저는 이렇게 이야기합니다. "저는 제 강의를 듣는 분들에게 경제적 자유를 누리고 부와 행복을 키우는 법을 알려드리고 있습니다." 제가 강의하는 모습 속에서 강의를 듣는 분들이 정말 행복하기를 바라고 경제적인 문제에서 벗어나기를 바라는 마음이 느껴진다면 강의를 제대로 하고 있는 것이겠죠.

세상에는 같은 일을 하지만 다르게 일하는 사람들이 많습니다. 강의하면서 시간을 때우는 사람이 있고, 먹고살려고 지식을 전달하는 사람이 있고, 행복한 삶을 돕는 지식과 지혜를 전달하는 사람이 있습니다. 빵을 구우면서 사람들의 행복을 키우는 사람이 있고, 아이들을 가르치면서 대한민국의 지도자를 키우는 사람이 있고, 억울한 사람을 돕고 싶은 변호사가 있습니다.

자신이 하는 일에 대해 자신의 언어로 의미를 부여하고 가치를 부여하는 사람이 더 많은 성과를 내고 더 많은 돈을 법니다. 이것이 행복하게 벌기의 현실입니다.

이런 내용을 가장 간결하고 임팩트 있게 정리한 책이 바로 사이먼 사이넥의《나는 왜 이 일을 하는가?(Start with Why)》라는 책입니다.

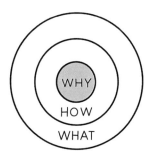

'Why? 왜 나는 이 일을 하는가?'
'Why? 왜 우리는 여기에 모여 있는가?'
'Why? 왜 우리는 이 상품을 생산하는가?'
'Why? 왜 나는 이 직업을 선택했는가?'

이런 Why에 대한 명확한 인식이 있을 때 소비자들을 설득할 수 있고 유혹할 수 있습니다. 사이먼 사이넥은 자신의 책에서 이러한 성공의 법칙을 골든서클을 활용해 설명합니다.

"당신이 판매하는 상품은 무엇입니까?"

이런 질문에 우리는 대부분 What이나 How로 대답합니다. 벽돌을 쌓고 있거나, 컴퓨터를 조립하거나, 재무상담을 한다고 말하죠. 조금 더 의욕적인 사람들은 어떻게 하면 벽돌을 잘 쌓을 수 있는지, 컴퓨터의 처리 속도를 높일 수 있는지, 상대방을 잘 설득할 수 있는지를 아주 논리적이고 차분하게 말합니다.

하지만 Why를 말하는 사람은 목소리가 크고 들떠 있고 열정적입니다. 하나님께 바칠 최고의 성당을 만든다는 흥분, 사람들의 일을 빠르게 할 수 있도록 돕는 기쁨, 자신의 재산을 지키고 안정된 노후를 누리도록 만드는 컨설팅에 대한 열정을 웅변합니다.

당신의 Why는 무엇인가요? 21세기에 성공하는 사람들은 성분(what)과 기능(how)이 아니라 신념, 동기, 이유 등의 'Why'를 말합니다. 그리고 고객들은 Why에 반응합니다.

잘 벌고 싶은가요? 부자가 되고 싶나요? 성과를 내고 싶은가요? 당신이 직장인이든, 식당을 하는 자영업자이든, 사업을 하는 사업가이든 누구라도 '나는 왜 이 일을 하는가?'에서 시작해야 합니다. 수많은 일 중에서 현재 하는 일을 선택한 이유가 명확할 때 우리는 더 열정적으로 몰입할 수 있고 성과를 낼 수 있습니다. 약간 들뜬 흥분으로 사람들을 만나 설득하고 공감시키고 팬이 되게 해야 합니다. 그래야 이 치열한 경쟁사회에서 이기고 돈을 벌 수 있습니다.

당신을 들뜨게 하고 사람들을 전염시키고, 당신을 브랜드로 만들 당신의 Why는 무엇인가요? 그것을 찾으면 당신은 지금보다 더 많은 소득을 얻을 수 있습니다.

가슴 뛰는 일에 도전하기

돈을 번다는 것에 대한 프레임을 바꾸고 자신이 하는 일을 새롭게 정의해도 성과가 나지 않고 행복하지 않을 때, 지금의 안전지대를 벗어나지 않으면 자신이 원하는 삶을 살 수 없을 때, 그때가 바로 새로운 일, 가슴 뛰는 일에 도전할 때입니다.

자신이 좋아하는 일을 하고, 그 일을 생각하면 가슴이 뛰고 몰입하게 되는 일을 할 때 행복하고 성과가 나고 돈도 더 많이 벌 수 있습니다. 자신이 좋아하는 일이 무엇인지, 그것을 성취하기 위해 무엇을 해야 할지 알고, 용기가 있을 때 할 수 있는 도전입니다. 세상에 수많은 슈퍼스타들은 안전지대를 벗어나 도전을 통해 행복하게 벌기를 시작했고 많은 것을 이루어 냈습니다. 쉬운 일은 아니지만 어쩌면 우리 모두에게 필요한 도전일 수 있습니다.

세상에는 다양한 부자들이 있고, 그들 수만큼이나 부자가 된 이유를 설명하는 책이나 방법들이 있습니다. 하지만 그 수많은 책과 방법에서 '돈을 쫓아라! 그리하면 돈을 벌 것이다'라고 주장하는 내용은 거의 없습니다. 대부분 이렇게 말합니다.

"돈을 쫓지 말고 사명을 쫓아라!"

"가슴 두근거리는 일을 하라!"

"머리가 아니라 심장이 시키는 일을 하라!"

하지만 여기에서 매우 조심해야 할 점이 있습니다. 우리의 삶은 현실입니다. 지금 내가 하고 있는 일이 가슴 뛰는 일이 아니라고 해서 무작정 일을 그만두고 새로운 일에 도전하면 큰 낭패를 볼 수 있습니다. 안전지대를 벗어나는 도전을 하기 전에 나 스스로에게 3가지 질문을 진지하게 해보면 좋겠습니다.

'나는 그 일이 정말 하고 싶고, 내 평생을 투자할 만한 일인가?'

'나는 그 일을 통해 사회적으로 의미있는 가치를 생산할 수 있는가?'

'그 일에 뛰어들 시기가 지금인가? 가장 좋은 시기는 언제인가?'

행복하게 시작하는 힘은 돈을 번다는 것에 대한 긍정적인 정의, 내가 하고 있는 일에 대한 긍정적인 태도, 그리고 가슴 뛰는 일에 도전하는 동기로 이루어집니다. 그럼 지금 나만의 정의를 내려볼까요?

[돈을 번다는 것은?]

....

....

[현재 내가 하고 있는 일은?]

....

....

3

벌기 2
지속하는 힘

'평범한 사람이 비범한 일을 이루는 유일한 방법은 평범한 일을 지속하는 것이다.'

아침 일찍 일어나 운동을 하는 것, 저녁 늦은 시간에 야근했거나 술을 마셨더라도 자기 전 30분 이상 책을 읽고 자는 것, 매일 저녁 잠자리에 들기 전에 감사일기를 쓰는 것, 하루에 30분 영어 공부를 하는 것, 매일 아침 블로그에 글을 쓰는 것 …

이런 일들은 평범한 행동이지만, 이 평범한 행동을 아주 오래 지속하는 것은 평범한 일이 아닙니다. 매일 30분씩 책을 읽는 것은 평범한 일입니다. 그런데 그것을 10년째 계속하고 있다면 비범한 일입니다. 아침에 일어나 30분씩 운동을 하는 것은 평범한 일이지만, 그것을 매일 하루도 빠지지 않고 10년째 하고 있다면 그것은 비범한 일입니다. 블로그에 글을 쓰는 것은 평범한 일이지만, 5년 동안 매일 블로그를 쓰고 있다면 그것은 비범한 일입니다.

짧은 시간은 큰 차이를 만들지 않지만 긴 지속시간은 큰 차이를 만듭니다. 처음에는 그 차이를 가늠하기 힘듭니다. 다른 사람들도 알아차리지 못합니다. 하지만 시간이 만들어 내는 차이가 외부로 드러나기 시작하면, 누구나 알아차릴 만큼 커지면 그 차이는 엄청난 결과의 차이로 나타납니다.

무엇이든 오랫동안 지속하게 되면 결과를 남깁니다. 오늘 우리의 모습은 어제까지 계속 반복해 온 것들의 결과물입니다. 그것이 무엇이든 현재 나의 모습, 우리 조직의 모습, 우리 사회의 모습은 지속적으로 반복해 온 무언가의 결과입니다. 그것을 바꾸고 싶다면 우리가 무엇을 반복적으로 지속하고 있는지를 발견하고, 그것을 바꿔야 합니다.

지속하는 힘을 방해하는 2가지 요소

우리가 무언가를 시작했다가 지속하지 못하는 이유는 매우 다양한데, 지속하는 힘을 방해하는 요소는 크게 2가지가 있습니다.

1) 부정적인 전망과 자기 불신
하루 이틀 영어 공부를 한다고 결과가 나타나지 않습니다. 운동을 일주일 했다고 가슴에 왕(王) 자가 새겨지지 않습니다. 책을 한두 달 열심히 읽었다고 똑똑해지지 않습니다. 열심히 하다가 어느 순간 '이런다고 뭐가 바뀔까?'라는 부정적인 전망을 가지게 되면 지속하는 힘이 떨어집니다. 여기에 스스로에 대한 불신, 자신감 부족이 가세하면 끝입니다. 반복되는 실패, 중단했던 과거의 경험, 현재 모습을 만든 자신에 대한 불신이 결국은 목표를 이루지 못할 것이라는 생각을 가지게 합니다.

2) 감정조절 실패와 자기통제력 부족

다이어트를 하다가 직장에서 스트레스를 받았을 때 '오늘은 술 한잔 해야지, 도저히 그냥 못 넘어가겠다'라며 치맥을 하면 끝납니다. 매일 저녁 운동을 하다가 '오늘은 그냥 잘래. 스트레스 받으면서 운동하면 몸에 더 안 좋아'라고 생각하고 하루하루 빠지다 보면 어느새 몸은 운동을 시작하기 전으로 돌아갑니다. 매일 3명의 가망고객에게 전화를 하겠다고 결심을 하고 전화를 했는데, 친구가 보이는 부정적인 반응에 치솟는 화를 통제하지 못하면 매일 전화하겠다는 결심은 끝이 납니다. 자기조절능력이 떨어지는 사람들, 작은 유혹에 무너지는 사람들, 감정조절이 안 되는 사람들이 늘 실패를 반복합니다.

지속하는 힘을 키우는 2가지 방법

부정적인 전망을 극복하고 스트레스나 부정적인 감정에 빠지지 않기 위해서는 많은 방법이 있지만, 여기서는 좀 더 즐겁고 행복하게 할 수 있는 두 가지 방법을 소개합니다. '목표에 집중하기'와 '감사일기 쓰기'입니다.

1) 목표에 집중하기

구체적인 목표에 집중하면 지속하는 힘을 키울 수 있습니다. 내가 원하는 목표를 세우고, 목표를 달성했을 때의 모습을 상상해 보고, 목표를 달성하는 것이 나에게 어떤 의미가 있는지를 매일 생각해 보는 것입니다. 여기에는 2가지 방법을 활용할 수 있습니다.

첫 번째 방법은 원하는 모습을 이미지화해서 지속적으로 보며 뇌에 각인하는 것입니다. 《보물지도》라는 책에서 소개하는 방법인데, 자신의 방이나 사무실에 큰 보드판을 놓고 자신이 원하는 모습(예를 들어 상을 받는 모습), 어딘가에 가 있는 모습을 붙이고, 그 이미지를 지속적으로 보며 꿈과 목표에 집중하는 겁니다.

저는 지금 쓰고 있는 이 책이 베스트셀러가 되어 교보문고 베스트셀러 코너에 자리 잡고 있는 모습, 컨퍼런스에 대규모 관객이 모인 모습, 머니코칭 카페를 차린 모습, 머니코치를 양성하는 교육장 등 다양한 목표를 이미지로 만들어 핸드폰과 노트북 바탕화면에 깔아두고 있습니다. 그리고 이 목표를 이룬 것처럼 구체적으로 상상하면 부정적인 전망이나 스트레스 때문에 중단하고 싶을 때 도움이 됩니다.

목표에 집중하는 두 번째 방법은 목표를 직접 손으로 쓰는 것입니다. 김승호 회장은 "매일 자신이 이루고 싶은 목표를 100번씩 써보라"

한국재무심리센터 교육장

BESTSELLER

돈 밝히는 책 읽기
전국 진행자 컨퍼런스

상담 북카페 '도니'

고 말합니다. 목표를 계속 적다 보면 우리의 뇌는 목표에 집중하게 되고 목표를 이루는 방향으로 모든 것을 이끌어 갑니다.

하나의 목표를 100번씩 쓰는 방법도 있지만, 매일 10개의 목표를 적으면서 목표에 집중하고, 달성한 목표가 있으면 그 목표를 하나씩 지워 나가는 방법도 있습니다. 이렇게 하면 하루 종일 목표에 집중하게 되고, 일상은 목표를 이루어가는 과정으로 자리 잡게 됩니다.

구체적인 방법은 사람에 따라 다양할 수 있습니다. 여기서 핵심은 목표에 집중하면서 중단하고 싶을 때 이길 수 있는 힘을 축적해 놓는 것입니다.

2) 감사일기 쓰기

'감사일기'란 하루에 몇 가지씩 감사한 이유를 구체적으로 적는 일기를 말합니다. 감사일기는 긍정심리학에서 사용하는 가장 대표적인 긍정성 강화습관 중 하나로, 많은 사람이 실천하고 있고 효과를 보고 있는 방법입니다. 감사일기의 효과를 증명해 주는 대표적인 사례가 미국의 오프라 윈프리의 이야기입니다.

혹인인 그녀는 인종차별이 심했던 남부의 미시시피주에서 태어났고, 어릴 때 성폭행을 당했고, 14세에 미숙아 출산과 동시에 미혼모가 되었고, 출산한 아이는 2주 만에 죽었습니다. 담담하게 이야기하기 힘든 이 불행들 이후에도 그녀는 가출과 마약 복용으로 힘든 세월을 보냈죠. 그랬던 그녀가 미국을 움직이는 가장 영향력 있는 여성 중 한 명이 된 힘은 무엇일까요? 이런 질문에 대해 오프라 윈프리는 '감사일기'를 쓰는 습관이 큰 힘이 되었다고 말합니다. 그녀는 저서 《내가 확실히 아는 것들》에서 감사일기의 힘에 대해 이렇게 말합니다.

"감사하게 되면 내가 처한 상황을 객관적으로 바라보게 된다. 그뿐만 아니라 어떤 상황이라도 바꿀 수 있다. 감사한 마음을 가지면 당신의 주파수가 변하고 부정적 에너지가 긍정적 에너지로 바뀐다. 감사하는 것이야말로 당신의 일상을 바꿀 수 있는 가장 빠르고 쉬우며 강력한 방법이라고 나는 확신한다."

감사일기는 상황에 대한 자신의 태도를 결정하는 힘을 키워줍니다. 운전을 하다 작은 접촉사고가 났을 때 '큰 사고가 아니어서 참 감사해'라는 마음을 가질 수 있는 사람은 하루 종일 차 사고 때문에 열 받아 하는 사람보다 행복하게 지속하는 힘이 강합니다. 진상고객을 만나서 마음이 상했을 때 '진상고객 때문에 무엇이 부족한지 알아서 감사하다'라는 마음을 가질 수 있는 사람은 진상고객 때문에 일을 포기하려는 사람보다 행복하게 지속하는 힘이 강합니다.

　자기조절력의 핵심조건인 감정을 조절할 수 있는 힘은 전두엽에서 나옵니다. 스트레스로 인한 분노, 우울하고 슬픈 감정이 올라올 때에는 그 감정을 분출하지 않고 이성적으로 생각하고 합리적으로 행동할 수 있는 힘이 있어야 하는데, 그러려면 전두엽이 건강해야 합니다. 전두엽을 건강하게 하는 가장 좋은 방법이 바로 '감사일기 쓰기'입니다.

　긍정심리학의 창시자 마틴 셀리그만도 감사일기의 효과를 이렇게 인정합니다.

　"그날 감사한 일 3가지와 그 이유에 대해 적는 것이 관심을 긍정적인 쪽으로 환기시켜 준다고 믿습니다. 일반적으로 우리의 관심은 불균형적으로 부정적인 측면에 기울어져 있습니다."

　감사일기를 쓰는 방법은 아주 간단합니다.

　첫째, 한 줄이라도 좋으니 매일 쓴다.

　둘째, 매일 3가지 이상 쓴다.

　셋째, 구체적으로 감사의 이유를 적는다.

　넷째, '때문에'가 아니라 '덕분에'라고 쓴다.

다섯째, 모든 문장을 '감사합니다'로 마무리한다.

행복하게 부자되는 감사일기에는 여기에 하나를 덧붙이면 좋습니다. 매일 하는 3가지 감사 중 하나는 돈·경제와 관련된 감사를 써보는 겁니다.

'오랫동안 저축했던 적금이 오늘 만기가 되어 찾을 수 있어서 감사합니다.'

'오늘 열심히 강의하고 난 후, 다음 강의도 부탁드린다는 말을 들을 수 있어 너무 감사합니다.'

'오늘은 일찍 일어나 지하철로 출근해 택시비를 절약할 수 있어서 감사합니다.'

이런 감사일기를 계속 쓰다 보면 자신이 하는 일에 대해, 돈을 절약하고 저축할 수 있는 것에 대해 감사하게 되고, 이런 감사들을 반복하다 보면 돈에 대한 마음 근력이 생깁니다.

이제 '행복한 사람'이 아니라 '행복한 부자'가 되는 길로 가기 위해 감사일기를 함께 써보면 어떨까요?

지속하는 힘은 결과를 만듭니다.
성공한 사람들, 부를 이루어 가는 사람들은
목표에 집중하고 감정조절하는 힘이 강합니다.
감사일기를 통해 긍정성을 키우면
누구나 지속하는 힘을 키울 수 있습니다.

4

벌기 3
함께하는 힘

함께하는 힘은 자신의 한계를 뛰어넘어 더 크게 벌기를 가능하게 하는 힘입니다. 함께하는 힘이 필요한 시대가 되었고, 함께하는 힘이 세상을 바꾸고 있습니다. 개인들은 자신의 한계를 극복할 수 없지만, 함께하는 힘은 자신의 한계를 뛰어넘어 더 크게 벌기를 가능하게 해줍니다.

함께하는 힘이 중요한 시대

세계 최고로 인정받는 와튼스쿨에서 31세의 젊은 나이에 종신교수로 임명받은 애덤 그랜트는 저서《기브 앤 테이크》에서 '함께하는 힘'의 중요성에 대해 이야기합니다.

애덤 그랜트는 관계를 맺는 유형에 따라 사람을 기버(Giver), 테이커 (Taker), 매처(Matcher)의 세 부류로 나눕니다. 기버(Giver)는 말 그대로 베푸는 사람입니다. 시간·에너지·돈을 사용해 누군가를 돕는 것을 좋아하고 관계를 중요시하는 사람입니다. 테이커(Taker)는 자신을 위해 행동하고 자기중심적으로 살아가는 사람입니다. 내 것도 내 것, 네 것도 내 것이라는 정신의 소유자라고 볼 수 있죠. 매처(Matcher)는 균형을 추구하는 사람입니다. 받은 만큼 돌려주고 준 만큼 받으려고 하는 스타일이죠.

그럼 기버, 테이커, 매처 중에서 어떤 사람이 성공할까요? 성공의 사다리 꼭대기, 누구나 가고 싶어 하는 그곳에는 누가 있을까요? 놀랍게도 그곳에는 '기버'들이 있었습니다. '최고의 영업사원은 기버로, 그들은 테이커와 매처보다 연간 50%나 더 높은 실적을 올렸다'고 합니다.

기버들이 성공할 수 있는 가장 큰 이유 중 하나는 지금의 환경이 기버들의 성공에 유리한 환경이기 때문입니다. 관계보다 개인적인 취향이 중요시되고 가족·친척·동문 등 소규모 공동체들이 의미를 잃어가는 시대에, 역설적이게도 사람을 중요하게 생각하고 타인을 배려하는 기버들에게 유리한 환경이 형성되고 있습니다. 그랜트는 기버들의 성공에 도움이 되는 2가지 환경 변화가 진행 중이라고 주장합니다.

첫 번째 변화는 IT 기술의 발달 덕분에 나누고 베푸는 착한 삶이 널리 공유되고 알려지는데 엄청 빨라졌다는 점입니다. 과거에는 적절한 전문가가 필요할 때 헤드헌터나 인맥을 통해 사람을 먼저 찾고, 인맥을 총동원해 그 사람에 대한 평판조회를 하곤 했습니다. 하지만 지금은 SNS를 활용해 사람을 찾습니다. 그리고 그 사람의 페이스북과 링크드인에 올라와 있는 사진과 글을 보면 어떤 사람들과 관계를 맺고 있고, 어떤 생각을 가지고 있는지 쉽게 알 수 있습니다. 마찬가지로 예전에는 누군가 착한 일을 하더라도 선행이 잘 알려지지 않았지만 지금은 누군가 선한 일을 하면 SNS를 통해 쉽게 확산됩니다. 우리는 친구가 멋진일을 하면 '#좋은건공유'라고 태그를 걸어 신나게 공유를 합니다. 물론나쁜 일도 빨리 번지지만 좋은 일과 좋은 사람도 아주 짧은 시간에 알려지는 환경이 조성되고 있습니다.

두 번째 변화는 세상을 지키는 것은 한 명의 영웅이 아니라 어벤져스의 시대, 즉 개인의 역량이 아니라 협업이 중요한 시대가 되었다는점입니다. 예전에는 능력으로 인정받던 기능들이 이제는 IT와 AI로 대체되고 있습니다. 그러다 보니 개인의 능력보다 소통을 통한 협업 능력이 중요해졌습니다. 그래서 서로 협업해야 할 때 사람들은 당연히이타적이고 베풀 줄 아는 사람과 일하고 싶어 하고, 능력보다 품성을더 우선시합니다. 협업에서 성과를 내는 사람들은 혼자 성공을 독차지하는 사람이 아니라 '잘 차려놓은 밥상에 나는 맛있게 먹기만 하면 되는데, 나만 스포트라이트를 받아 죄송하다'며 겸손하게 다른 사람에게공을 돌리는 황정민 같은 스타일입니다.

혼자 사는 시대가 아닙니다. 주위를 둘러보면 어떤 사람 주변에는그가 실패하기를 바라는 사람이 많고, 어떤 사람 주변에는 그가 성공하기를 바라는 사람이 많습니다. 그것이 차이를 만듭니다. 어려운 일이 생겼을 때 잘 극복하는 사람, 좋은 일이 생겼을 때 그 일이 확장되는 사람 옆에는 그 사람이 어려움을 극복하기를 원하는 사람들, 성공하기를 바라는 사람들이 있습니다.

세계 최고 기업을 만든 파트너십

《당신은 다른 사람의 성공에 기여한 적 있는가?》의 이소영 저자는 마이크로소프트 글로벌 인플루언서팀, 아시아 총괄 리전 매니저로서 전 세계 IT 커뮤니티 리더의 성장과 발전을 돕는 역할을 했습니다. 저자는 경쟁에서 이기는 것을 최고의 목표로 가졌던 기업, 치열한 내부경쟁으로 협력과 협업을 찾기 힘들었던 기업, 세계 최고의 기업이었다가 오랜 시간 성장을 멈췄던 마이크로소프트가 다시 시총 1위를 달성하게 된 변화와 혁신의 노하우를 '파트너십'이라고 주장합니다.

3대 회장 사티아 나델라 회장은 취임 이후 임직원들에게 "당신이 다른 사람의 성공에 기여한 것은 무엇인가?"라는 질문을 합니다. 이 질문을 받은 사람들은 누구나 당황했다고 합니다. 철저하게 개인적 성과에 집중하던 사람들에게 이 질문은 생뚱맞게 느껴졌기 때문입니다. 하지만 이 질문에 익숙해지고 자신의 일을 다른 관점에서 바라보게 되면서 평가도 문화도 업적도 달라졌습니다.

단절과 배타적인 경쟁에만 익숙했던 사람들이 '나의 동료, 우리 팀 내 누군가의 성공과 성장을 도울 수 있는 것은 무엇인가?'에 대해 고민하기 시작했고, 이는 곧 소통과 협력으로 연결되었습니다. 그리고 결국 마이크로소프트는 다시 세계 최고의 기업, 성장하는 기업, 일하고 싶은 기업이 되었습니다.

현재 일하고 있는 조직이나 공간에서 이런 변화가 일어난다면 우리의 성과와 성장, 수익은 어떤 변화를 보이게 될까요? 지금까지 경험하지 못했던 드라마를 만들어 내게 될 것입니다.

이소영 저자는 책에서 파트너를 3가지 영역으로 구분합니다.

첫 번째 파트너는 우리 회사에서 '함께 일하고 있는 사람'입니다. 이들과 파트너가 되어 서로 기여할 것이 무엇인지를 찾고 변화를 만들어 가야 한다는 것이죠.

두 번째 파트너는 '협력업체'입니다. 갑과 을의 관계에서 납품가격을 낮추고 갑질을 하는 것이 아니라 협력사들이 더 성장하고 더 좋은 제품을 만들어 낼 수 있도록 기여하는 것, 그것이 결국 우리 회사의 품질과 서비스를 개선해 나가고 성과를 올리는 데 도움이 되는 것이겠죠.

세 번째 파트너는 '고객'입니다. 고객에 대해 생각할 때 물건을 파는 대상, 가능하면 지갑을 열게 만들어야 하는 대상이 아니라 우리 제품을 통해 고객이 더 행복해지고 더 좋은 삶을 살 수 있도록 기여한다면 얼마나 멋진 일일까요?

내가 일하는 삶의 현장에서 나의 파트너를 만들고, 협력업체들과 파트너십을 통해 관계를 유지하고, 고객과 함께 성장하는 기업이라면 누구나 함께하고 싶고, 도와주고 싶은 그런 회사가 아닐까요? 그리고 그런 회사는 성장하지 않을까요?

티핑포인트를 만드는 파트너 만들기

자신이 하는 일을 성장시키고 자신의 사업을 성공시키려면 파트너를 만드는 노력이 필요합니다. 그럼 나의 파트너는 어디에 있을까요? 어떤 사람이 나의 파트너가 되면 좋을까요?

말콤 글래드웰의 저서 《티핑포인트》에서 그 방법을 찾았습니다. 성공을 위해 변화를 일으키려면 많은 사람들에게 어떻게 어필해야 할지 고민하게 됩니다. 그런데 말콤 글래드웰은 "세상의 수많은 드라마틱한 변화는 다수가 아니라 소수에 의해서 일어난다"는 '소수의 법칙'을 알려줍니다. 그리고 그는 그 소수를 잘 선택하면 변곡점을 만들어 낼 수 있다고 말합니다. 글래드웰이 말하는 소수의 사람, 즉 커넥터, 메이븐, 세일즈맨은 어떤 사람들인지 알아볼까요? 나의 주변에 이런 사람이 있는지 찾아보고, 이런 사람들을 인생의 파트너로 만들어 봅시다.

1) 커넥터(Connector)

우리에게 익숙한 표현으로는 '마당발'입니다. 아는 사람도 많고 참석하는 모임도 많습니다. 이런 사람들은 관계가 깊지는 않지만 연결할 수 있는 수많은 네트워크를 가지고 있습니다.

나의 마케팅, 네트워크, 협력의 대상으로 이 사람들과 좋은 관계를 맺게 된다면 대박입니다. 이 사람들은 나의 이야기를, 나의 메시지를 어디에 전달해야 의미가 있고 성과가 나는지 잘 압니다. 사람 만나는 것이 좋아서 여기저기 다니는 실속 없는 사람이 아니라 모임의 핵심에 있을 줄 아는 사람, 이런 사람이 좋은 파트너가 될 수 있습니다.

2) 메이븐(Maven)

메이분은 사람들이 항상 찾고 답을 구하는 전문가입니다. 전자제품을 사면 사용설명서를 처음부터 끝까지 읽어보는 사람, 함부로 이야기하지 않고 이야기하면 틀리지 않는 사람들입니다. 이들은 맛집이면 맛집, 스마트폰이면 스마트폰, 자신이 관심 있는 분야에 대해 정확한 지식을 가지고 있습니다.

이런 사람들에게는 답을 구하는 많은 사람이 찾아옵니다. 이들이 만약 나를 소개해 준다면 소개를 받은 사람은 나와의 거래를 당연하게 생각하고 나를 찾을 겁니다. 주위에 메이븐이 없는지 찾아보세요.

3) 세일즈맨(Salesman)

직업이 아니라 성향이 세일즈맨인 사람을 말합니다. 누군가를 설득하여 자신이 원하는 방향으로 틀 수 있는 사람, 식사를 갈 때 꼭 자기가 먹고 싶은 곳으로 사람들을 설득해서 가는 사람, 자기가 좋아하는 것이 있으면 주위 사람들을 설득해서 같이 하는 사람입니다.

내가 이 사람과 좋은 협력관계를 맺으면, 이 사람이 나의 파트너가 되면 아주 좋은 일들이 벌어집니다. 세일즈맨들은 사람을 끌고 다니기 때문이죠. 이런 사람을 찾아보세요.

수천수만의 사람이 아니라 커넥터, 메이븐, 세일즈맨 몇 명이 큰 변화를 만들어 냅니다. 10명! 괜찮은 소수 10명이면 엄청난 변화를 만들어 낼 수 있습니다. 핸드폰에 있는 천 명 중에서 이제 열 명을 찾아보세요.

매월 선택한 10명에게 전화·카톡·메일 등을 보내, 내가 하는 일을 소개하고 직업관을 들려주기도 하며 좋은 사례를 나눠 보세요. 마치 좋아하는 사람에게 플러팅을 시도하는 것처럼 시간이 흐르면 좋은 관계를 맺고 파트너가 될 수 있을 거예요.

돈을 잘 버는 사람들의 다양한 특징을 공부하는 것은 큰 의미가 있습니다. 시중에 나와 있는 수많은 성공비법 관련 책들도 도움이 됩니다. 하지만 어떤 일을 하고 어떤 가치를 만드는 일을 하더라도 시작하는 힘, 지속하는 힘, 함께하는 힘이 없으면 큰 성공과 가치를 만들기 어렵습니다. 현재 하는 일에서 기적 같은 변화는 아니더라도, 누구의 눈에나 확 띄는 긍정적인 변화를 만들고 싶다면 3가지 힘을 평가해 보고 그 역량을 키워야 합니다.

내가 하는 일을 긍정적으로 정의하고 적극적인 태도를 가지고 있는 사람, 분명한 목표가 있고 긍정적인 태도로 자기조절력이 뛰어난 사람,

소통과 협력을 할 줄 알고 좋은 파트너가 많은 사람, 이런 사람들이 AI 시대에 돈을 더 많이 벌 수 있습니다.

'시작하는 힘' '지속하는 힘' '함께하는 힘' 이 3가지 힘을 잘 활용해 멋진 성공을 만들어 내기 바랍니다.

벌기 역량을 위한 셀프코칭 질문

1　현재 하고 있는 일에 대해 소득의 크기, 의미와 보람 등을 전체적으로 평가한다면 10점 만점에 몇 점인가요? 그 점수는 어떤 의미인가요?

....

2　소득을 키우기 위해 할 수 있는 것은 무엇인가요? 더 벌기, 또 벌기, 더 오래 벌기를 위해 무엇을 할 수 있나요?

....

3　'세계 최고의 성당을 짓고 있지요'라고 답한 벽돌공처럼 표현한다면 지금 하는 일에 대해 어떻게 말할 수 있나요?

....

4　매일 생각하는 꿈이나 목표는 무엇인가요? 그 꿈과 목표는 당신에게 어떤 영향을 주나요?

....

5　당신에게 가장 큰 힘을 주는 파트너는 누구인가요? 당신은 누구에게 가장 큰 힘이 되거나 도움을 주고 있나요?

....

6　'행복하게 벌기'를 위해 지금 당신이 할 수 있는 말이나 행동의 변화는 무엇인가요?

....

7　벌기 역량을 키우고 소득을 높이기 위해 지금 당장 할 수 있는 것은 무엇인가요? 언제부터 어떻게 시작할 수 있나요?

....

3장

◆

게으르게 '불리기'

거북이처럼
느린 것 같지만
한 걸음 한 걸음
자신의 속도로 꾸준히 가다 보면
생각보다 빨리
목적지에 도착할 수 있다.

투자도 마찬가지다.
거북이가 토끼를 이긴다.

토끼처럼 빨리 달리고 싶은 욕망,
빨리 달리는 토끼를 부러워하는 마음이
투자를 실패로 이끈다.

1

게으르게 투자해야
하는 이유

주식투자에 대한 조금 다른 프레임

많은 사람이 주식은 위험하기도 하고, 바람직하지 않다고 생각합니다. 불로소득이나 투기에 가깝다고도 생각합니다. 그리고 이런 생각들이 투자에 부정적인 태도를 가지게 합니다. 주식투자에 대한 이런 평가와 태도가 적절한 걸까요?

세계 최초의 주식회사인 네덜란드 동인도회사의 주주는 총독부터 귀족, 그리고 평민과 하녀 등 다양한 사람들로 구성되었습니다. 자산이 있다면 신분에 관계없이 투자하여 무역의 과실을 함께 나눌 수 있었죠. 이 개념은 현재도 동일하게 적용됩니다.

주식투자는 자본주의 사회에서 가장 평등하게 경제성장에 참여하는 방법입니다. 이재용 회장, 최태원 회장 등 재벌 회장이나 개미투자자들 누구나 똑같이 자신이 투자한 만큼의 주식 수에 따라 주가상승과 기업이익을 나누어 갖습니다. 다른 투자 수단과 비교했을 때 주식투자보다 더 평등하게 부의 기회에 참여할 수 있는 방법이 있을까요?

삼성전자의 주주가 되면 삼성전자의 모든 임직원이 나의 부를 위해 일하는 것과 같습니다. 우리는 삼성전자 직원들이 열심히 일을 해서 성과를 내기만 기도하면 됩니다. 성과는 내가 가진 주식 수에 따라 평등하게 나눕니다. 이처럼 자본주의 성장에 동참하는 누구에게나 열린 기회인 주식투자를 머니게임이나 도박처럼 인식하는 것도 적절하지 않고, 그런 태도로 투자에 임하는 것도 바람직하지 않습니다.

주식투자는 제로섬게임이 아니라 모두가 함께 파이를 키우는 과정에 가깝습니다. 또 기업과 시장의 성장에 따라 그 열매를 함께 키우고 함께 나누는 과정입니다. 주식투자를 좀 더 이성적이고 객관적인 시각에서 평가하고 바라볼 수 있으면 좋겠습니다.

위험하지만 그럼에도 투자를 해야 하는 이유

"투자는 너무 위험해."
"손실이 날까 두려워."

"주식투자는 도박이야."

"주식투자해서 돈 벌었다는 사람을 본 적이 없어."

이처럼 투자에 대해 부정적이고 위험하게 바라보는 프레임이 있습니다. 그런데 투자를 하는 것이 위험하다면 투자를 하지 않는 것은 안전할까요?

주식투자에는 항상 위험이 따른다는 것을 우리는 잘 알고 있습니다. 하지만 투자를 하지 않는 것의 위험도 알아야 합니다. 위험하지만 투자를 해야 하는 이유가 바로 투자를 하지 않는 위험 때문입니다. 돈의 가치가 지속적으로 하락하고 있고, 노후는 매우 빠르게 길어졌기 때문입니다.

1) 돈의 가치가 지속적으로 하락하기 때문

1963년 우리나라에 처음 출시된 라면의 가격은 10원이었습니다. 지금은 매장에 따라 조금씩 차이가 나지만 편의점에서 1,000원 정도 가격에 팔리고 있습니다. 1963년에 1,000원은 라면 100개를 살 수 있는 돈이었지만 지금은 한 개밖에 못삽니다. 돈의 가치가 1/100로 떨어진 것이죠. 이처럼 시간은 돈의 가치를 떨어뜨립니다. 돈의 가치가 점점 떨어지는 것을 막지 않으면 내 돈의 가치는 확정적으로 점점 더 하락합니다.

투자가 위험하다고 생각하는 사람들은 수익률도 높지 않고 원금 손실도 볼 수 있는 투자를 하면서 전전긍긍하느니 그냥 안전하게 은행에 돈을 넣어두는 것이 마음 편하다고 합니다. 이런 사람들은 대부분 은

행이나 저축은행을 통해 확정적인 금리를 주는 안정적인 예·적금 상품을 선택합니다. 문제는 금리입니다.

1997년 IMF 외환위기 이전 은행의 저축금리는 10% 내외였습니다. 이 정도 금리라면 투자하지 않아도 됩니다. 은행에 넣어만 두어도 5~7년마다 돈이 두 배가 되니 굳이 위험한 투자를 할 필요가 없죠. 하지만 지금의 금리로는 답이 없습니다. 물가상승과 인플레이션 때문입니다.

돈의 가치는 거꾸로 내려가는 에스컬레이터처럼 계속 하락합니다. 아래로 내려가는 속도는 인플레이션의 정도에 비례합니다. 물가상승률이 높을수록 가치는 빨리 떨어지고 물가상승률이 낮으면 천천히 내려갑니다. 에스컬레이터 계단에 그대로 서 있으면 점점 내려가기 때문에 위치를 지키려면 올라가야 합니다. 하지만 은행의 확정금리 상품들의 수익률은 물가상승률이 한계입니다. 2021~2023년의 실질금리는 마이너스였습니다. 저축금리가 물가상승률보다 낮았다는 것이죠. 그래서 자산을 지키려면 투자를 해야 합니다. 물가상승률이 3%라면 3%보다 높은 수익률이 필요하고, 물가상승률이 5%라면 금리나 투자수익이 5%를 넘어야 합니다. 그래야 내 돈의 가치를 지킬 수 있습니다.

2) 길어진 수명으로 노후가 지나치게 길어지기 때문

미국에는 연금 부자들이 많습니다. 젊어서부터 투자를 통해 연금자산을 운용해 온 사람들은 안정적인 노후를 보낼 수 있고 노후에 일을 하더라도 훨씬 자유로운 선택을 할 수 있는데, 우리나라 은퇴자들은 퇴직금을 중간정산한 사람들도 많고 안전한 자산으로만 운용하다 보니 충분한 노후준비가 안 되어 있습니다. 그래서 '행복하게 오래 벌기'가 아니라 먹고살기 위해 무슨 일이든 해야 하는 경우가 많습니다. 투자를 통해 노후자금을 키워야 하는 이유입니다.

은퇴 전까지 10억 원을 모았다고 해봅시다. 원금을 그대로 두고 이자만 받아서 생활한다고 했을 때 3%로 운용하면 매년 3,000만 원을 찾아 쓸 수 있고, 6%로 운용한다면 6,000만 원, 10%로 운영한다면 1억 원을 찾아 쓸 수 있습니다. 원금을 연금 형태로 찾아 쓴다고 가정하면 3%로 운용했을 때는 30년 동안 매년 5,100만 원을 쓸 수 있고, 6%로 운용한다면 7,264만 원, 10%로 운용한다면 1억 607만 원을 찾아 쓸 수 있습니다. 이처럼 노후자금으로 같은 돈을 모았다고 하더라도 몇 %로 운용하느냐에 따라 노후의 생활수준은 크게 차이가 납니다.

은퇴자들에게 위험한 투자를 권하는 것은 나쁜 짓이라고 생각했던 시기가 있었습니다. 하지만 100세 시대에는 30~40년 이상의 은퇴기간이 있기 때문에 장기투자가 가능하고 안정적인 투자 포트폴리오를 통해 적절한 수익률을 얻을 수 있습니다.

아직도 많은 사람이 투자는 위험하다고 말합니다. 주식투자로 소중한 자산을 날려버린 이야기들은 우리를 두렵게 합니다. 하지만 길어진 노후, 언제까지 살지 모르는 지금 '투자를 하는 것이 아니라 투자를 하지 않는 것이 더 위험'합니다.

게으르게 투자해야 하는
3가지 이유

주식투자에 진심인 사람들의 일상은 어떤 모습일까요?

매일 아침 눈을 뜨면 전날 미국 주식시장이 어땠는지 살펴보고, 아침에 출근하자마자 주식 창을 켜 놓거나 스마트폰으로 주식시장 상황을 들여다보면서 열심히 투자하는 사람, 뉴스에 투자 관련 소식이 뜨면 검색해 보고 필요하면 일과 중에 주식을 사고팔기도 하는 사람, 시간만 나면 유튜브를 보면서 좋은 주식을 찾는 사람, 이들은 좋은 결과를 누리고 있을까요? 앞에서 살펴봤듯이 결론은 그렇지 않습니다.

세상에는 성과를 내는 수많은 투자방법과 전략들이 있겠지만 이 책에서는 누구나 실행할 수 있는 투자법인 '게으른 투자법'에 대해 소개하려고 합니다. 게으른 투자법에 대한 구체적인 이야기를 하기 전에 왜 성실한 투자자들이 실패하는지, 게으른 투자가 왜 필요한지 먼저 알아보겠습니다.

1) 투자가 일상을 방해한다

우리나라 직장인 중 주식에 참여하는 이들은 얼마나 되고, 또 얼마나 몰입하고 있는지 인크루트 설문조사를 통해 앞에서 살펴봤습니다. 직장인 중 65% 가까이가 업무 중에 주식차트를 확인하고, 77%가 주식거래를 하고, 20.9%가 스스로를 주식중독이라고 생각한다는 결과가 있었습니다. 그럼에도 응답자의 15%만이 이익을 실현했다고 답했습니다.

　함께 일하는 사무실에서 열심히 일하는 다른 직원들과 달리 틈만 나면 주식 창을 들여다보며 한숨을 짓기도 하고 때로는 미소를 띠는 모습을 상상해 보면 그리 바람직해 보이지 않습니다. 좀 더 심하게 말하면 부도덕한 모습이죠. 열심히 투자하는 사람은 투자 때문에 일을 망치고 자신의 인생을 제대로 살아가지 못합니다. 자신의 인생뿐만 아니라 함께 일하는 동료들의 삶에도 부정적인 영향을 미칩니다. 게다가 수익도 제대로 내지 못합니다. 그래서 열심히 성실하게 투자하지 말고, 게으르게 투자해야 합니다.

2) 우리의 심리가 열심히 할수록 투자성과를 떨어뜨린다

　다음은 우리나라의 2001년부터의 주가 그래프입니다. 이 많은 오르내림 속에서 많은 사람이 울고 웃었습니다. 많은 사람이 주식시장에 들어왔다가 울면서 나가기를 반복했습니다. 사람들은 언제 주식시장에 들어오고 언제 나갔을까요?

　합리적인 사람들이라면 무엇이든지 살 때는 싸게 사고, 팔 때는 비싸게 팔아야 한다는 것을 잘 압니다. 그래서 우리는 세일을 기다려 물건을 사고 부동산이든 당근마켓이든 비싸게 팔려고 합니다. 그런데 참 이상하게도 투자자들은 주식이 한껏 올라버린 2007년이나 2020년, 주식가격이 비쌀 때 시장에 진입합니다. 그리고 2008년이나 2023년 주식이 세일을 시작하면 시장을 떠납니다. 2007년에는 많은 사람이 펀드를 통해 주식시장에 들어왔고, 2020년에는 동학개미와 서학개미로 주

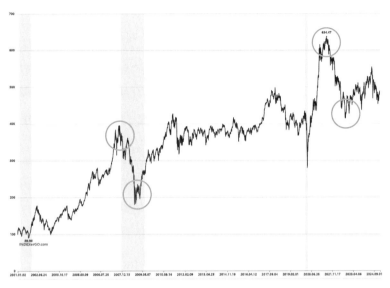

(출처 : INDEXerGO.com)

식시장에 들어왔습니다. 그리고 2008년 금융위기가 터져 주식시장이
엄청나게 폭락했을 때, 2023년부터 글로벌 시장과 달리 국내시장이 고
전을 하고 있을 때 떠나갔습니다.

이런 과거의 상황을 보면 우리의 심리는 투자에 적합하지 않습니다.
우리가 합리적인 투자자라면 주식시장이 안 좋아서 주가가 떨어졌을
때 사고, 주가가 오르면 팔아서 수익을 실현해야 합니다. 하지만 우리
는 그렇게 하지 않습니다. 주가가 올라서 장밋빛 전망이 시장을 휩쓸
고 뉴스에서 주식에 대한 긍정적인 전망을 쏟아낼 때 우리는 주식을 삽
니다. 그러다 주가가 떨어지기 시작하면 두려움과 불안 때문에 주식을

팔아버리고 맙니다.

주식투자에 성공하려면 당연히 쌀 때 사고 비쌀 때 팔아야 한다는 단순한 사실을 우리는 잘 알고 있지만 우리의 행동은 다르게 나타납니다. 우리가 심리적인 존재이기 때문입니다. 주식이 올라가고 있을 때 우리는 더 올라갈 것에 대한 기대와 탐욕에 사로잡혀 주식을 삽니다. 그리고 주가가 떨어질 때에는 불안과 두려움으로 주식을 팔아버리죠.

이외에도 손실회피(Loss Aversion), 과신편향(Overconfidence Bias), 확증편향(Confirmation Bias), 앵커링효과(Anchoring Effect), FOMO(Fear of Missing Out) 등 투자를 방해하는 다양한 심리적 편향들이 있습니다. 투자에 열심이어서 자주 잔고를 확인하고, 그 결과 자주 사고팔고, 열심히 하면 할수록 수익률은 더 떨어집니다. 그러니 열심히 하지 말고 게으르게 투자해야 합니다.

3) 열심히 해도 원숭이에게 진다

웃기면서도 슬픈 실험 결과가 있습니다. 2001년 6월 5일자 조선비즈 기사를 살펴볼까요?

눈 가린 원숭이와 펀드매니저(주식투자 전문가)가 투자수익률 경쟁을 하면 누가 이길까?

당연히 머리 좋은 전문가가 이길 것이라고 생각하면 착각이다. 미국의 월스트리트저널(WSJ)은 "작년 7월부터 올해 5월까지 하락장에서 원숭이와 펀드매니저, 아마추어 투자자가 3라운드에 걸쳐 주식투자 게임을 펼친 결과, 원숭이의 수익률이 상대적으로 가장 좋았다"고 밝혔다.

(중략)

원숭이는 이 기간 평균 2.7%의 손실률을 기록, '꽤 선방했다'는 평가를 얻었다. 선정한 4개 종목 중 3개 종목이 크게 상승했으나, 바이오(생명공학) 주식인 메디진이 이 기간에 64%나 폭락한 것이 원숭이의 수익률을 깎아 먹어 아깝게 마이너스 수익률을 냈다.

반면 펀드매니저들은 평균 13.4%의 손실률을 기록했다. 손실률이 원숭이의 5배에 달하는 셈이다. 펀드매니저가 고른 4개 종목은 원숭이와 정반대로 3개 종목이 하락하고 1개 종목만 상승했다.

주식시장에는 이런 류의 다양한 실험들이 있는데, 결과는 대부분 원숭이의 승리로 끝납니다. 펀드매니저는 일반투자자보다 경제 지식과 경험이 풍부한 사람이지만, 그런 전문가들도 원숭이로 대변되는 시장을 이기기 힘듭니다. 이 실험 결과를 보면 믿어지지 않는 사람들도 많을 겁니다. 정말 그런지 통계를 살펴볼까요?

20년 동안 S&P Global은 S&P500지수와 펀드매니저가 운용하는 액티브펀드의 수익률을 비교해 왔습니다. 그림에서 보는 것처럼 15년 투자 기준으로 보면 미국 전체 펀드의 89.5%는 S&P500지수보다 수익률이 낮았고, 10.5%만 수익률이 높았습니다. 펀드매니저가 원숭이를 실제로 이기기 힘들다는 거죠. 그런데 자신의 일을 하며 지식과 경험이 부족한 일반투자자들이 열심히 한다고 시장을 이길 수 있을까요?

(출처 : SPIVA(S&P Indices Versus Active))

성실하게 투자하면 소중한 우리의 업무에서 성과가 줄어들고, 성실하게 투자하면 우리의 심리 때문에 수익이 낮아지고, 성실하게 투자하더라도 원숭이를 이기기 힘듭니다. 그래서 우리는 시장을 이기려는 성실한 투자자가 아니라 '게으른 투자자'가 되어야 합니다. 게으른 투자를 통해 일과 삶도 지키고, 심리에 휘둘리지 않고, 성과도 나쁘지 않은 투자를 해야 합니다.

그럼 이제 게으른 투자가 무엇인지, 어떻게 실행할 수 있는지 알아볼까요?

게으르게 투자하는 3가지 방법

투자는 운전과 비슷합니다. 멀리 가려면 걸어갈 수 없으니 위험하더라도 운전을 해야 하는 것처럼, 우리가 살아가는 인생도 긴 인생이라 투자 없이 살아가기 힘듭니다. 그런데 사람들마다 투자하는 모습은 조금씩 다릅니다. 어떤 사람은 단기간에 자산을 키우려고 무리를 합니다. 빨리 도착하려고 애쓰는 운전자와 같습니다. 하지만 이렇게 하다 보면 투자 실패의 위험에 노출되게 됩니다. 안전운전을 하는 것처럼 안전한 투자방법을 알아야 사고 없이 목적지에 잘 도착할 수 있습니다. 자신만의 투자원칙을 수립하고, 그 원칙을 지키면서 꾸준히 투자하면 시간이 목적지에 잘 데려다 줍니다.

'게으르게 불리기'는 세상에 없던 특별한 방법이 아니라 워런 버핏, 존 보글, 레이 달리오 등 투자의 거인들이 알려준 방법을 쉽게 실행할 수 있도록 정리한 방법입니다. 투자의 거인들이 알려준 방법을 거인들의 수준대로 그대로 실행할 수는 없지만 그들의 지혜를 빌려와 원칙과 기준을 만들어 실행해 보면 꽤 좋은 투자성적을 얻을 수 있습니다. 아주 소극적이고 게으르고 시스템적인 투자로 우리가 가진 한계를 인정하면서 자산을 불려야 하는 과제를 해결할 수 있는 단순하고 쉬운 방법입니다.

좋은 주식에 장기적으로 투자하라고 말하는 워런 버핏의 지혜를 '1등 기업 주식에 투자하기', 건초더미에서 바늘을 찾으려 하지 말고 시장 전체를 사라고 한 존 보글의 지혜를 '지수에 투자하기', 한 번에 모든 것을 거는 것은 위험하다고 말하는 레이 달리오의 조언을 통한 '다양한 자산에 분산투자하기'로 정리해 봤습니다.

세상에는 너무나 훌륭한 투자자들이 많고, 그들이 알려주는 투자 비법들도 많습니다. '게으르게 불리기'에서는 초보투자자도 바로 실행할 수 있는 쉽고 편리한 방법을 소개하려고 합니다. 투자경력이 길고 자신만의 투자원칙이 있는 분들은 '애걔, 이거 말하는 거야'라며 너무 쉬운 내용이라고 웃으실 수도 있습니다. 하지만 그분들도 게으르게 투자하기보다 좋은 성과를 거두기는 쉽지 않을 겁니다.

투자를 처음 시작하시는 분, 투자는 하고 싶지만 방법을 찾지 못하신 분, 투자를 하긴 해야겠는데 예전에 실패한 방법 외에 다른 방법을 찾고 싶은 분들에게 쉽고 단순하지만 수익은 만만찮은 게으른 투자법이 도움이 되기를 바랍니다.

2

불리기 1
1등 기업 주식에 투자하기

    게으르게 불리기의 첫 번째 방법은 '1등 기업 주식에 투자하기'입니다. 코로나 팬데믹 이후 주가가 오르고 주식방송이 많이 생겨날 때 매주 금요일 오후 5~6시 주식방송을 진행한 적이 있습니다. 진행자로서 주식투자 전문가들과 만나면서 그들이 주식시장에 대해 공부하고 종목을 선정하고 추천하는 과정, 그리고 그 추천의 결과를 1년 동안 지켜보면서 이런 결론을 내렸습니다.

    '주식투자를 제대로 하려면 다른 일은 포기해야 한다!'

    하지만 투자는 해야 하잖아요. 자산을 키워야 하니까요. 방법을 고민했습니다. 그리고 주식 전문가가 아니어도 할 수 있는 투자, 시간과 에너지가 한정된 일반인도 할 수 있는, 열심히 하지 않고도 게으르게 투자하면서 성과를 낼 수 있는 방법을 찾았습니다. 바로 '1등 기업 주식에 투자하기'입니다.

"경제적 해자가 있는 기업을 찾아라."

"10년 이상 보유할 주식이 아니라면 단 10분도 보유하지 마라."

워런 버핏의 이런 말들을 요약하면 '좋은 주식에 장기투자하라'입니다. 이렇게 해서 세계 최고의 부자가 되었으니 우리도 이렇게 하면 될 것 같습니다. 그런데 그게 쉽지 않습니다. 우리가 워런 버핏처럼 좋은 주식을 찾기는 힘드니까요. 버핏은 11살 때부터 투자를 시작해 80년이 넘는 시간 동안 세계 최고의 투자자로 살아왔습니다. '좋은 주식'이라는 말은 버핏에게는 쉬운 말일 수 있지만 우리에게는 참 어렵습니다. 어떻게 하면 좋은 주식을 선택해 장기적으로 투자할 수 있을까요?

1등 기업에 투자하는 3가지 방법

누구나 찾을 수 있는, 우리가 선택할 수 있는 좋은 기업은 1등 기업입니다. 그 업종에서 대표적인 주식, 시가총액이 아주 크고 누구나 다 알 수 있는 기업이 바로 1등 기업입니다. 우리나라 시가총액 1등부터 10등까지의 기업들은 대부분 그 업종에서 대한민국 최고의 기업입니다. 미국 시가총액 1등부터 10등까지의 기업은 그 업종 대표주이면서 세계 최고의 기업들입니다. 이런 기업들을 '1등 기업'이라고 부릅니다.

1등 기업들은 전 세계 투자전문가들이 최고의 기업이라고 인정한 기업들입니다. 전 세계 집단지성이 증명해 준 좋은 기업이라고 할 수 있죠. 이런 기업들에 투자하는 방법이 '1등 기업 주식에 투자하기'입니다.

'종목을 잘못 선정했다.'

'사고파는 타이밍을 맞추지 못했다.'

'좀 더 기다렸어야 했는데, 기다리지 못했다.'

투자에 실패한 사람들이 말하는 이유는 이 3가지로 정리할 수 있습니다. 1등 기업에 투자하기는 이런 실패를 반복하지 않는 방법입니다. 1등 기업을 선정하면 종목 선정에서 실패할 가능성이 줄어듭니다. 장기적으로 투자하면 사고파는 타이밍을 맞추지 않아도 됩니다. 그리고 오랫동안 기다리면서 게으르게 아무것도 하지 않으면 됩니다.

1등 기업에 투자하는 방법은 다음 질문에 대한 답입니다.

첫째, 어떤 종목을 선택할 것인가? → 동업을 할 만큼 좋은 기업에 투자하라.

둘째, 어떤 방식으로 운용할 것인가? → 부동산에 투자하는 것처럼 장기투자하라.

셋째, 포트폴리오는 어떻게 조정할 것인가? → 주식과 결혼하지 말고 연애하듯이 투자하라.

구체적으로 하나씩 알아볼까요?

1) 동업을 할 만큼 좋은 기업에 투자하라

우리나라 주식시장에 상장된 회사는 2,000개가 넘고, 미국 S&P500 지수를 구성하는 회사는 500개이고, 미국 중소형지수인 러셀2000지수를 구성하는 회사는 2,000개입니다. 이 회사들 중 어떤 회사라면 내 인생을 걸고 동업을 할 만하다고 생각하나요? 어떤 회사라면 투자해 놓고 걱정 없이 발 뻗고 잠 잘 수 있을까요?

정답은 '세계 최고의 회사로 검증된 기업'이 아닐까요?

미국에 상장되어 있는 주식 중 시가총액 1위에서 10위 기업들은 전 세계 투자전문가들이 최고의 기업으로 인정한 회사들이고, 코스피에 상장된 기업 중에서 시가총액 1위에서 10위 안에 드는 기업은 우리나라에서 최고의 회사로 인정받은 회사들입니다. 이런 회사들을 제외하고 일반 투자자가 더 좋은 기업을 찾으려고 노력하는 것은 무모한 시도가 아닐까요?

우리가 워런 버핏처럼 '좋은 주식'을 찾기는 힘들지만 세계 최고의 전문가들이 인정한 회사들을 '좋은 기업'이라고 생각하고, 대상을 이런 기업들로 한정한다면 괜찮은 선택이 아닐까요? 좀 더 구체적으로 말하면 인생을 걸 만큼 좋은 기업이라면 애플, 마이크로소프트, 삼성전자 정도의 기업이어야 하지 않을까요?

투자대상을 정할 때에는 1등 기업, 업종을 대표하는 기업, 우리가 잘 아는 기업, 시가총액 상위 기업을 대상으로 종목을 고민하는 것이 좋습니다. 이미 수능시험이 끝나서 성적이 다 나왔는데, 성적 낮은 사람들 중에서 공부 잘하고 똑똑한 사람을 찾으려고 애쓸 필요는 없지 않을까요?

2) 부동산에 투자하는 것처럼 장기투자하라

"부동산 투자해서 부자가 된 사람은 많은데, 주식투자해서 부자가 되었다는 사람은 본 적이 없다."

부동산으로 부자가 된 분이 상담 중에 이렇게 말하더군요.

"압구정동 아파트를 샀다가 팔고, 대치동 빌라로 이사 갔다가 도곡동 주상복합아파트로 이사했어. 아내가 가자는 대로 평수를 조금씩 늘려서 이사만 몇 번 했는데 5,000만 원이 30억이 되더라고. 돈은 부동산으로 불리는 거야."

이분의 말은 실제 경험한 것이고 사실입니다. 이분만큼은 아니더라도 주위에 보면 부동산, 특히 아파트 투자로 부자가 된 사람들이 많습니다. 그런데 이렇게 말하는 분도 있습니다.

"나는 월급 받을 때마다 삼성전자 주식만 계속 샀지. 그러니까 계속 돈이 불어나더라고."

여기서 문제는 '부동산이냐? 주식이냐?'가 아니라 어떻게 투자했느냐입니다. 우리는 아파트를 사면서 어제 얼마였고, 오늘 얼마나 올랐고 내일 얼마나 오를 것인지 따지지 않습니다. 어제 가격이 좀 내렸다고 '이 아파트 팔까?'라고 고민하지 않습니다. 우리 가족의 라이프사이클을 고려하고, 교통 인프라는 어떻게 바뀌는지, 사람들이 선호하는 동네는 어떻게 변할 것인지, 학군은 어떤 변동이 있을지 등 몇 년을 바라보면서 선택하고, 그 선택이 맞았을 때 가격 상승을 맛봅니다.

이처럼 부동산을 주식투자하는 것처럼 하면 성공하기 힘듭니다. 하지만 주식투자를 부동산처럼 장기투자하면 성공할 수 있습니다. 미래에 어떤 산업이 성장할 것인지, 어떤 기업이 그 업종을 이끌어 가는지 보면서 1등 기업을 선택하면 큰 수익을 얻을 수 있습니다. 가격의 오르내림에 반응하는 것이 아니라 부동산처럼 가치에 투자할 때 주식도 수익을 얻을 수 있습니다. 그러니 주식투자도 부동산 투자처럼 장기적인 관점에서 큰 흐름을 보면서 투자해야 합니다.

3) 주식과 결혼하지 말고 연애하듯이 투자하라

이 말을 할 때마다 저의 도덕성과 정신세계를 오해를 받을까 조심스럽지만 더 좋은 비유를 찾지 못해 이런 비유로 설명합니다. 내가 투자한 주식과 결혼하면 안 됩니다. 헤어질 때가 되면 헤어져야 합니다. 결혼은 한 사람을 선택해 평생을 가는 것이고, 연애는 매력 있는 사람과 다양하게 사귀어 보는 것이라는 의미처럼 주식투자는 한 회사가 아니라 다양한 회사에 분산투자해야 한다는 의미입니다. 가끔 이런 질문을 받습니다.

"A주식은 언제 오를까요? 지금 많이 떨어져 있는데, 기다리면 오르겠죠?"

여러분은 이런 질문에 대해 어떻게 생각하나요? 좀 안타깝지만 이렇게 대답할 때가 많습니다.

"안 올라요."

경기 상황에 따라 시장 전체가 하락하는 경우와는 달리 경쟁력을 잃어버려 떨어진 기업의 주가는 잘 오르지 않습니다. 경기가 좋고 주식시장 전체가 오르는 상황이 되면 조금 오를 수 있겠죠. 하지만 그 주식이 5%, 10% 오를 때 다른 주식은 50%, 100% 오르게 됩니다. 그래서 매력이 떨어진 주식은 과감하게 헤어질 결심을 해야 합니다. '주식과 결혼하면 안 된다'는 의미는 이런 뜻입니다. 한때 업종을 대표하는 기업이었고, 대한민국을 대표하는 기업이었지만 산업구조의 변화, 경쟁력 상실 등으로 투자 매력을 상실했다면 그때는 헤어져야 합니다. 미련을 가지고 '언젠가는 오르겠지'라는 생각으로 매력없는 주식을 가지고 있으면 좋은 주식에 투자할 기회를 잃어버릴 뿐만 아니라 손실을 더 키울수 있습니다. 물론 헤어질 때는 신중해야 합니다. 조금 왔다갔다 한다고 쉽게 헤어지면 나중에 후회할 수 있으니까요. 가끔 이렇게 말하는 분들이 있습니다.

"우리 손주 미래는 내가 다 준비해 뒀지."

뭘 어떻게 해줬다는 의미인지 물어보면 아주 자랑스럽게 이렇게 말합니다.

"삼성전자 주식 좀 사 줬어요."

참 좋은 할아버지입니다. 손주를 위해 미리 준비를 해주신 것이니까요. 이 좋은 할아버지에게 이렇게 질문을 했습니다.

"그런데 삼성전자 수명이 길까요? 손주 수명이 길까요?"

삼성전자가 나쁜 회사라는 말이 아닙니다. 삼성전자가 오래 못 간다고 생각하지 않습니다. 다만 한 회사에만 올인하는 것은 매우 위험합니다. 삼성전자 투자를 통해 부자가 되신 분이 투자를 시작했을 때 대한민국 최고의 기업은 삼성전자가 아니었을 수도 있습니다. 2000년 이전에 우리나라의 시가총액 1위는 한국전력이었습니다. 만약 그분이 삼성전자가 아니라 한국전력에 그렇게 투자했을 때도 그런 수익이 났을까요? 삼성전자 투자를 통한 성공스토리는 결과론적인 이야기입니다. 그 시대 최고 주식에 투자했다고 늘 성공적인 투자를 하는 것은 아닙니다.

만약 우리가 20~30년 전에 만나 투자에 대한 이야기를 나누다가 제가 이렇게 말했다고 상상해 봅시다.

"머지않아 삼성전자가 소니를 이길 겁니다."

"세계 최고의 가전회사는 GE가 아니라 LG전자, 삼성전자가 될 것입니다."

"삼성전자가 노키아보다 훨씬 더 큰 핸드폰 회사가 될 것입니다."

이런 말을 했다면 어떤 반응을 보였을까요? 아마도 '미친 것 아냐?'라는 반응이었을 것입니다. 소니, GE, 노키아는 한때 세계 최고의 기업이었습니다. 소니는 2000년 2월 주가가 6,170엔이었지만 2024년 10월 4일 현재 주가는 2,767엔으로 반토막 나 있습니다. 갑자기 반토막 난 것이 아니라 2012년 165엔까지 떨어졌다가 그나마 엄청 많이 오른 상황입니다. GE는 2000년 9월 299달러였지만 2020년 8월 32.98달러까지 떨어졌다가 2024년 10월 현재 많이 회복하여 187.08달러가 되었습니다. 노키아는 2000년 4월 63.10유로였는데 지속적으로 떨어져 2024년 10월 4일 현재 3.97유로입니다. 만약 20년 전에 이런 최고의 기업 하나에만 투자했다면 지금 어떤 상황일지 상상해 보면 끔찍합니다.

'결혼이 아니라 연애하는 것처럼 투자하라'는 것은 한 회사가 아니라 여러 매력적인 회사에 분산투자하고, 그 회사가 더 이상 성장하는 기업이 아니라면 그때는 과감하게 팔아야 한다는 의미입니다. 이런 측면에서 미국이나 한국의 1등 기업에 분산투자하라고 하면 일반투자자들은 이렇게 말합니다.

"그런 회사들은 이미 많이 올랐잖아요."

"너무 비싸서 더 이상 오르지 않을 것 같아요."

"투자할 때 너무 재미가 없어요."

"오르고 내리는 맛이 없어요."

스릴이나 재미는 놀이공원에서나 즐기는 것이지 투자 현장에서 찾는 게 아닙니다. 올라갈 때야 좋지만 떨어질 때의 두려움은 끔찍하니까요. 정말 중요한 것은 '이미 너무 많이 오른 것일까?' '비싸서 더 이상 오르지 않을 것인가?'겠죠. 아주 단순하고 게으른 투자를 통해 한번 확인해 볼까요?

아주 단순하고 게으른 1등 기업 포트폴리오 투자 결과

투자방법은 아주 단순합니다. 우리나라 시가총액 1위에서 5위까지, 미국 시가총액 1위에서 5위까지 아무 생각 없이 1억씩 투자하고 5년 동안 아무것도 하지 않으면 투자 결과는 어떨까요? 2017년 1월, 2018년 1월, 2019년 1월에 시가총액 1~5위 주식에 1억씩 투자하고 사지도 팔지도 않고 5년 뒤 그 결과를 확인했다고 상상해 봅시다. 수익은 괜찮을까요?

생각보다 수익은 아주 좋습니다. 주식투자자 중에서 이런 방식으로 투자하는 사람은 보지 못했습니다. 그런데 이렇게 단순하게 투자하는 것보다 투자 결과가 좋은 사람도 그리 많지 않습니다. 구체적으로 살펴볼까요?.

2017년 1월 삼성전자, SK하이닉스, 현대차, 한국전력, 현대모비스 5개 회사에 1억씩 나누어서 투자한 결과는 5억이 7억 8,401만 원이 되어 연평균상승률 9.4%를 기록했고, 미국 시가총액 5위까지의 기업 애플, 알파벳, 마이크로소프트, 아마존, 페이스북에 1억씩 투자한 결과는 22억 5,302만 원이 되어 연평균수익률 35%를 기록했습니다. 이런 투자 결과는 단기적으로 크게 오르내리지 않더라도 수익률이 결코 낮지 않음을 보여줍니다.

표에 나오는 수익률과 연평균수익률은 주식을 가지고 있을 때 받는 배당을 제외한 금액입니다. 배당을 더한다면 이것보다 더 높은 수익률을 보였겠죠.

종목	2017.1	2022.1	투자 결과	수익률	연평균	종목	2017.1	2022.1	투자 결과	수익률	연평균
삼성전자	36,100	78,600	217,728,532	118%	17%	애플	28.95	177.83	614,265,976	514%	44%
SK하이닉스	45,800	128,500	280,567,686	181%	23%	알파벳 C	38.94	144.48	371,032,357	271%	30%
현대차	150,000	210,500	140,333,333	40%	7%	마이크로소프트	62.79	335.35	534,081,860	443%	40%
한국전력	43,900	22,350	50,911,162	-49%	-13%	아마존	37.9	167.55	442,084,433	342%	35%
현대모비스	271,500	256,500	94,475,138	-6%	-1%	페이스북	116.03	338.30	291,562,327	192%	24%
합계			784,015,851	57%	9%	합계			2,253,027,153	351%	35%

종목	2018.1	2023.1	투자 결과	수익률	연평균
삼성전자	51,020	55,500	108,780,870	8.8%	1.7%
SK하이닉스	76,600	75,700	98,825,065	-1.2%	-0.2%
현대차	149,500	157,000	105,016,722	5.0%	1.0%
POSCO	339,000	272,000	80,235,988	-19.8%	-4.3%
네이버	177,000	179,500	101,412,429	1.4%	0.3%
합계			494,271,076	-1.1%	-0.2%

종목	2018.1	2023.1	투자 결과	수익률	연평균
애플	42.54	130.28	306,252,938	206%	25%
마이크로소프트	86.13	243.05	282,189,713	182%	23%
알파벳 C	52.42	89.89	171,480,351	71%	11%
아마존	58.6	58.41	99,675,768	0%	0%
페이스북	177.68	122.99	69,219,946	-31%	-7%
합계			928,818,717	86%	13%

같은 방식으로 2018년, 2019년에도 어떤 결과가 나타나는지 확인해 보았습니다. 우리나라의 경우 2022년 6월 3,300p를 찍은 후 지속적으로 지수가 하향하던 상황이라 2022년 대비 2023년에는 결과가 좋지 않습니다. 미국 기업들은 순위 변동은 있었지만 회사는 바뀌지 않았는데 국내 기업들은 변화가 있습니다. 한국전력, 현대모비스가 빠지고 POSCO와 네이버가 들어왔습니다. 그중 SK하이닉스, POSCO가 손실이 나서 전체 포트폴리오의 연평균수익률은 -0.2%입니다. 좋은 상황은 아니지만 예금과 맞먹는 수준인 배당을 생각하면 아주 심각한 상황은 아닙니다. 원금 수준이니까요. 미국 주식의 투자 결과도 많이 떨어졌지만 연평균 13%의 수익률을 보였습니다. 왜 서학개미가 되어야 하는지 알려주는 것 같습니다.

2019년부터 2024년 5년간의 수익률은 또 변화가 있습니다. 셀트리온과 삼성바이오로직스가 편입되어 높은 상승률을 기록해 포트폴리오의 연평균수익률이 18.6%가 되었고, 미국은 26%의 수익률을 기록했습니다.

종목	2019.1	2024.1	투자 결과	수익률	연평균
삼성전자	38,750	79,600	205,419,355	105.4%	15.5%
SK하이닉스	60,600	142,400	234,983,498	135.0%	18.6%
셀트리온	214,500	760,000	354,312,354	254.3%	28.8%
삼성바이오로직스	374,000	760,000	203,208,556	103.2%	15.2%
현대차	114,000	202,000	177,192,982	77.2%	12.1%
합계			1,175,116,746	135.0%	18.6%

종목	2019.1	2024.1	투자 결과	수익률	연평균
애플	38.72	187.15	483,341,942	383%	37%
마이크로소프트	99.55	373.76	375,449,523	275%	30%
알파벳 C	50.83	139.83	275,093,449	175%	22%
아마존	73.26	151.54	206,852,307	107%	16%
페이스북	128.99	351.32	272,362,199	172%	22%
합계			1,613,099,419	223%	26%

매주 강의가 있을 때마다 잠깐 시간을 내어 이런 식으로 결과를 살펴보면 아주 단순한 투자지만 성과가 나쁘지 않다는 것을 확인하게 됩니다. 물론 수익이 거의 안 나는 기간도 있었지만 최악의 시기에도 다른 투자에 비해 위험은 크지 않다는 것을 알 수 있습니다.

나만의 1등 기업 포트폴리오 만들기

위에서 살펴본 내용들을 토대로 '나만의 1등 기업 투자 포트폴리오'를 만드는 방법을 알아보겠습니다.

첫째, 투자 대상은 당연히 1등 기업, 누구나 잘 알고 있는 우리나라 주식과 미국 주식을 중심으로 시가총액 30위를 넘어가지 않는 회사들을 대상으로 하면 좋을 것 같습니다. 숨겨진 회사를 찾으려고 하지 말고 앞에서도 말했듯이 충분히 검증된 회사들을 중심으로 하는 것이 지혜로운 방법입니다.

둘째, 부동산 투자하듯이 긴 호흡으로 성장하는 섹터에 들어 있는 기업을 중심으로 고민하면 좋습니다. 장기적으로 반도체, 2차전지, 바이오, 전기자동차, AI, 로봇, 가상현실 등 앞으로 성장할 수 있는 산업으로 평가되는 섹터를 중심으로 회사를 선정하면 좋을 것 같습니다.

셋째, 내가 좋아하고 관심이 가는 분야의 1등 기업을 포트폴리오에 추가하는 것도 좋은 방법입니다. 엔터테인먼트 산업을 좋아하는 사람과 전투기·전차 등 방위산업에 관심이 있는 사람, 뷰티산업에 관심이 있는 사람은 서로 포트폴리오가 다른 것이 자연스럽습니다. 내가 좋아하고 관심 있는 산업의 1등 기업을 포트폴리오에 넣는다면 투자가 좀더 재미있고 공부도 그리 어렵게 여겨지지 않을 것입니다.

이 3가지 가이드를 가지고 5개 정도의 주식에 분산투자하는 포트폴리오를 구성하면 어떨까요? 우리나라 주식이라면 삼성전자, SK하이닉스 등 반도체 기업에서 하나, LG에너지솔루션, 삼성SDI 등 2차전지 기업 중에서 하나, 삼성바이오로직스, 셀트리온 중에서 하나, 자동차산업에 관심 있으면 현대자동차, 방위산업에 관심이 있으면 한화에어로스페이스, 이런 식으로 5개 정도의 회사를 선정해 투자하는 방식이죠.

동학개미? 서학개미?

이미 경험적으로 다 결론이 난 사항이지만 한국시장과 미국시장을 선택할 때 이런 상상을 해보면 좋겠습니다.

'내가 글로벌 자산운용 펀드매니저라면 내가 운용하는 전 재산을 한국이라는 작은 시장 하나에 투자할까?'

투자의 안정성, 수익률, 성장가능성 등 그 어떤 지표를 보더라도 미국시장에 투자하는 것이 지혜로운 방법으로 보입니다. 한국 주식시장이 언젠가 기업지배구조가 개선되고, 소액주주 권익이 보호되고, 시장이 투명해지는 등 제도와 문화가 개선되면 이런 슬픈 시나리오를 쓸 필요가 없겠지만, 구조적·문화적으로 투자자에게 긍정적이지 않은 환경이 바뀌지 않은 상태에서는 최소한 50%, 아니면 좀 더 많은 비율을 미국시장 중심으로 투자하는 것이 바람직하지 않을까요? 물론 미국시장이라고 늘 좋았던 것은 아닙니다. 하지만 우량 기업 5개 정도에 분산해서 투자한다면 장기적으로 좋은 결과를 낼 수 있을 것 같습니다.

일반투자자들이 개인적으로 종목을 선정하고, 사고파는 타이밍을 결정해서 투자하는 방식이 성공적이지 못했다는 것은 여러 가지 통계와 사례로 증명되고 있습니다. 그래서 보수적인 자산관리전문가들은 개인들은 주식투자를 하면 안 된다고 말합니다. 하지만 좋은 주식을 잘 선택하면 높은 수익률과 투자에 대한 관심을 유지하게 하는 등 장점들도 있습니다. 다만 '내가 제대로 투자해서 시장보다 높은 수익을 얻을 거야'라는 욕심을 버리고 1등 기업 위주로, 장기적인 관점에서 포트폴리오를 구성해 운용하기를 간곡하게 부탁드립니다.

3

불리기 2
지수에 투자하기

'지수에 투자하기'란 KOSPI, S&P500과 같은 주가지수를 추종하는 인덱스펀드나 ETF(상장지수펀드)에 투자하는 것을 의미합니다. 개별주식에 투자하는 것이 아니라 시장 전체에 분산투자하는 방식이죠.

지수에 투자하는 인덱스펀드를 만든 사람은 존 보글입니다. 투자자들의 이익을 최우선으로 생각하는 윤리적인 태도로 '월가의 성인'이라고 존경받는 존 보글은 1975년 세계 최초의 인덱스펀드인 '뱅가드500 인덱스펀드'를 개발했습니다.

존 보글의 투자 철학은 투자비용을 최소화하는 것이 장기적으로 투자자들에게 이익이 된다는 저비용투자, 단기적인 매매보다는 장기적인 투자, 개별주식 선택보다는 시장 전체에 투자하는 것이 위험을 분산시킬 수 있다는 시장 전체 투자로 요약할 수 있습니다. 그의 투자 철학에 가장 적합한 상품이 인덱스펀드였죠. 존 보글의 인덱스펀드를 가장 강력하게 추천하는 사람이 바로 워런 버핏입니다.

"내 유산의 90%는 S&P500지수에 투자하고, 나머지는 채권에 투자하라."

좋은 주식에 장기적으로 투자하라고 주장하는 워런 버핏은 자신의 유산은 '개별주식이 아니라 S&P500지수에 투자하라'고 자신의 신탁관리인에게 지침을 남겼다고 밝혔습니다. 마치 "나는 좋은 주식을 찾을 수 있지만 당신들은 찾기 힘들잖아. 그러니까 좋은 주식을 모아놓은 S&P500지수에 투자해"라고 말하는 것 같습니다. 기분이 썩 좋지는 않지만 반박하기는 쉽지 않습니다.

그럼 이제부터 존 보글이 '낮은 비용, 장기투자, 시장 전체 투자'를 강조하면서 만든 인덱스펀드를 간단하게 살펴보고, 어떻게 투자하는 것이 게으른 투자인지 알아봅시다.

액티브펀드와 패시브펀드

펀드란 여러 투자자가 돈을 모아 전문가에게 맡겨 운용하는 것을 말합니다. 개인적으로 원하는 주식을 선택해 직접투자하는 것이 아니라 펀드매니저에게 돈을 맡기고 간접적으로 운용하는 방식이죠. 투자를 처음 시작하는 사람, 전문적인 지식이 없는 사람도 펀드를 통해 주식이나 채권 등 다양한 곳에 투자할 수 있습니다.

펀드는 운용 스타일에 따라 액티브펀드와 패시브펀드로 나눌 수 있습니다.

액티브펀드(Active Fund)란 펀드매니저가 적극적인 투자전략을 구사해 시장보다 높은 수익률을 달성하는 것을 목표로 하는 펀드입니다. 펀드매니저는 자신의 판단으로 종목 구성과 매매시점을 선택해 적극적으로 사고파는 과정을 통해 시장보다 높은 수익을 위해 노력합니다.

패시브펀드(Passive Fund)란 액티브펀드와 달리 수동적인 전략으로, 시장수익률과 비슷한 수준의 수익률 달성을 목표로 하는 펀드입니다. 시장보다 높은 초과수익보다 안정적인 기준치만큼의 수익을 추구하는 펀드로, 특정지수를 따라가도록 설정된 인덱스펀드가 대표적인 패시브펀드입니다. S&P500지수, 나스닥100지수, 코스피200지수 등이 패시브펀드들이 추종하는 지수들이죠.

| 액티브펀드와 패시브펀드 |

구분	액티브펀드	패시브펀드
목표수익	지수 초과 수익률 추구	지수 수익률 추구
운용스타일	적극적(Active) 운용	소극적(Passive) 운용
포트폴리오	수익추구 목적으로 종목 발굴	지수 종목으로 구성
운용전략	마켓타이밍 전략적 자산배분	Buy and Hold 전략
운용주체	펀드매니저 운용	시스템적 운용

인덱스펀드를 선택해야 하는 3가지 이유

인덱스펀드의 장점은 크게 3가지로 정리해 볼 수 있습니다.

1) 분산투자로 인한 위험 분산

지수에 포함된 모든 종목, 다양한 종목에 분산투자하기 때문에 특정 종목의 가격 변동에 따른 위험을 줄일 수 있습니다. 펀드매니저의 주관적인 판단이 아니라 시장 전체의 움직임을 반영하기 때문에 상대적으로 안정적이라고 볼 수 있습니다.

2) 낮은 비용

높은 수수료는 투자수익률을 갉아먹는 주범입니다. 인덱스펀드는 낮은 비용으로 수익률을 극대화할 수 있도록 도와줍니다. 펀드매니저가 개별종목을 분석하고 선택하는 과정이 생략되므로 운용에 필요한 인력과 자원이 적게 듭니다. 따라서 운용보수가 액티브펀드보다 낮아 장기적인 투자에 있어서 매우 유리합니다. 단기적인 성과에는 큰 영향을 미치지 않지만 투자기간이 길어질수록 펀드 수익에서 수수료가 미치는 영향은 점점 커집니다. 낮은 비용은 장기적인 투자자에게 가장 중요한 요소로 작용합니다.

3) 안정적이고 높은 수익

주식시장은 실물경제의 거울이라고 할 수 있습니다. 기업들의 이윤 증가, 생산성 향상, 기술 혁신 등 경제성장은 기업가치를 상승시키고, 이는 지수의 상승으로 이어집니다. 단기적으로는 상승과 하락이 반복되지만, 장기적으로는 경제성장과 함께 지수가 늘 상승합니다. 여기에 더해 낮은 비용 효과가 더해져 인덱스펀드의 수익이 액티브펀드보다 높은 경우가 많습니다. 액티브펀드는 시장수익보다 더 높은 수익을 추구하지만, 실제로 시장수익률을 능가하는 액티브펀드는 소수에 불과합니다.

워런 버핏의 100만 불 내기

인덱스펀드의 장점을 드러낸 재미있는 스토리가 있습니다.

워런 버핏은 프로테제파트너스(Protege Partners)라는 헤지펀드 운용회사와 10년 동안 누가 더 높은 수익을 올리는지를 놓고 투자 내기를 했습니다. 기간은 2008년 1월 1일부터 2017년 12월 31일까지 10년으로 해서 버핏은 S&P500 인덱스펀드를 선택했고, 프로테제파트너스는 5개의 헤지펀드 포트폴리오를 선택해 누가 더 잘하는지를 보기로 한 것이죠. 수수료, 비용, 경비를 차감한 후의 성과가 높은 쪽이 이기는 것으로 하고, 승리한 측이 지정하는 자선단체에 100만 달러를 기부하기로 했습니다. 내기치고는 멋진 내기였던 것 같습니다.

10년이 흐른 2017년 말 전 세계 많은 투자자들이 주목한 이 내기의 승자는 누구였을까요? 결과는 워런 버핏의 완벽한 승리였습니다. 투자

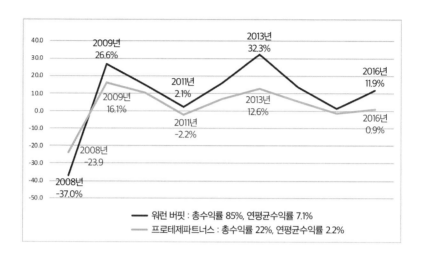

| 누적수익률 비교(2008.01.01. ~ 2017.12.31.) |

워런 버핏 : 총수익률 85%, 연평균수익률 7.1%
프로테제파트너스 : 총수익률 22%, 연평균수익률 2.2%

결과는 예상보다 큰 차이를 보여 많은 사람이 충격을 받았습니다. 헤지펀드의 연평균수익률은 2.2%였지만 워런 버핏이 투자한 인덱스펀드의 연평균수익률은 7.1%로 약 3배 이상 차이가 났기 때문이죠.

이런 결과를 접하고 이런 생각을 할 수도 있습니다.

'프로테제파트너스라는 헤지펀드가 무능한 것이 아닐까?'

'다른 펀드매니저가 제대로 운용한다면 결과가 다르지 않을까?'

하지만 앞에서 살펴본 S&P Global에서 운영하는 사이트에서 보여준 결과를 다시 한번 생각해 보면 좋겠습니다. 15년 운용수익률을 비교해 보면 미국 액티브펀드의 89.5%가 S&P500지수보다 낮은 수익을 보여 줬습니다. 캐나다는 95.51%, 유럽은 92.07%, 일본은 77.58% 등 각 나라의 경우도 액티브펀드의 수익률이 낮게 나타났습니다.

이런 상황에서 투자자들이 간접투자 상품을 선택한다면 지수 수익률보다 높은 펀드를 찾으려는 노력을 할 필요가 없겠죠.

인덱스펀드 적립식 투자

그럼 지수에 투자하는 가장 효과적인 방법은 무엇일까요? 주식투자에 비해 지수에 투자하는 방법은 상대적으로 쉽고 단순합니다. 2가지 질문에 대한 답을 보면서 가장 효과적인 방법을 찾아봅시다.

1) 성장하는 지수에 투자

각 나라 주식시장에는 다양한 지수들이 있습니다. 우리나라에는 KOSPI, KOSDAQ 지수가 있고, 미국에는 S&P500, Dow Jones Industrial Average, NASDAQ 지수가 있습니다. 중국에는 Shanghai Composite, Hang Seng Index, 일본에는 Nikkei 225, TOPIX가 있고, 글로벌 지수로는 MSCI World Index, FTSE All-World Index 등이 있습니다. 하지만 전 세계에 있는 모든 지수를 다 공부해서 투자하는 것은 게으른 투자자에게는 적합하지 않은 방법이겠죠.

다음 그림은 한국과 미국의 대표적인 지수 변동 그래프입니다. 10년 전 지수를 100으로 봤을 때 얼마나 성장했는지를 볼 수 있습니다. 10년 동안 KOSPI지수는 31%가 상승했고, S&P500지수는 3배 가까이 성장했습니다. 이 그래프를 통해 어떤 지수를 선택해야 하는지, 그리

미국 : S&P500(2015.01.07.~2025.01.31.)

한국 : KOSPI 지수(2015.01.07.~2025.01.31.)

(출처 : INDEXerGO.com)

고 어떤 지수를 선택했느냐에 따라 결과가 얼마나 큰 차이를 보이는지 알 수 있습니다. 이 결과를 보면 안타깝지만 가장 자본주의적인 성장을 하고 있는 미국 주식시장 중심으로 투자를 하는 것이 좋을 것 같습니다.

2) 자산을 모을 때는 인덱스펀드 적립식 투자

운용할 수 있는 목돈이 있을 때는 투자방법에 따라 장단점이 있기 때문에 개별주식에 투자할지, 지수에 투자할지, 다양한 자산에 분산투자할지 고민하게 됩니다. 하지만 자산을 모아나갈 때는 개별주식이나

ETF보다 인덱스펀드에 적립식으로 투자하는 것이 좋습니다. 매월 10만 원, 50만 원 등 일정한 금액을 정해 놓고 아무 생각 없이 인덱스펀드를 활용하는 것이 2가지 측면에서 좋습니다.

첫째, 적립식 투자는 '고민없이' 장기투자하기에 좋습니다. 주식이나 ETF는 매월 직접 매수를 해야 하는데, 한 주당 가격이 눈에 확 들어오기 때문에 선택을 고민하게 됩니다. 지금 너무 오른 것 같고, 시간이 지나면 더 싼 가격에 살 수 있을 것 같은 느낌이 듭니다. 이때 주식시장의 흐름에 상관없이 지속적으로 투자하는 방법으로 인덱스펀드만한 것이 없습니다.

개인적인 역량이 있고 투자 결과를 책임질만한 투자 역량이 있다면 본인 책임하에 다양한 전략을 수립할 수 있지만 많은 일반투자자들은 시장의 흐름과 상관없이 지속적인 투자를 하는 것이 쉽지 않습니다. 예를 들어 삼성전자에 매월 50만 원씩 투자한다고 생각해 봅시다. 오늘 주가가 6만 원이라고 했을 때, 이 가격으로 사는 것이 적절한지 아닌지 고민하게 됩니다. 만약 사기로 했다면 이번 달에는 48만 원을 투자해서 8주를 사고 2만 원은 CMA에 남아 있게 됩니다. 비쌀 것 같아서 가격 하락을 기다려야겠다고 판단을 하면 50만 원을 통장에 넣어두고 시장을 계속 지켜봐야 합니다. 그리고 오르면 '그냥 살 걸 그랬나?' 하는 생각이 들고, 내리면 '좀 더 내리면 살까?'라는 고민을 하게 되는 거죠. 게으르게 투자하기 철학과 맞지 않습니다.

둘째, 적립식 투자는 평균단가 효과를 통해 수익률을 높이는 데 도움이 됩니다. 주식가격이 내려가면 우리는 슬퍼지고 답답해집니다. 하지만 적립식 투자를 할 때는 좀 다릅니다. 주가가 하락하면 쌀 때 많이 사는 효과가 있기 때문에 가격 하락에 신경 쓰지 않고 투자할 수 있습니다.

다음 사례처럼 매월 10만 원씩 주식에 투자했는데 주가가 10,000원에서 5,000원, 10,000원, 15,000원을 거쳐 다시 10,000원이 되었다고 생각해 봅시다. 첫달에는 10만 원을 투자해서 10주를 살 수 있죠. 5,000원으로 주가가 떨어지면 마음이 출렁할 수도 있지만 10만 원을 투자해서 20주를 살 수 있습니다. 아주 좋죠. 이렇게 반복해서 다시 10,000원이 되었을 때 10주를 샀다면 적립식 투자는 약 7만원 정도 수

| 평균단가 효과 |

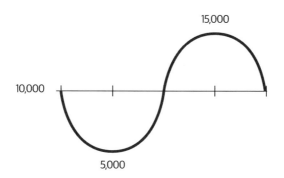

주가	10,000	5,000	10,000	15,000	10,000
매입주식 수	10	20	10	6.7	10
누적좌수	10	30	40	47	57
투자금액	100,000	200,000	300,000	400,000	500,000
평가금액	100,000	150,000	400,000	705,000	570,000

익이 납니다.

어떤가요? 속 편하게 투자할 수 있는 아주 좋은 방법이죠. 주식투자 하는 것과 비교하면 확실하게 차이가 납니다.

소득이 있고 은퇴가 가깝지 않은 분이라면 장기적으로 적립식 투자를 할 때 '연금저축펀드'를 활용하면 세액공제까지 받을 수 있어 아주 좋습니다. 장기투자의 효과, 적립식 투자의 효과에 세액공제 효과까지 더해지면 일석삼조의 효과가 나겠죠.

'지수에 투자하기'는 개별주식의 등락에 상관없이 편하게 투자하기 좋은 방법입니다. 그리고 게으른 투자자가 지수에 투자하는 가장 효과적인 방법은 정기적으로 자산을 모아나갈 때 저렴한 비용과 분산효과를 최대한 활용할 수 있는 적립식 투자입니다. 자산배분이나 효율적인 운용을 위해 고민할 만큼의 자산이 모이기 전에는 인덱스펀드 적립식 투자를 적극적으로 활용하여 자산을 키워 나가기 바랍니다.

4

다양한 자산에
분산투자하기

'다양한 자산에 분산투자하기'는 주식·채권·원자재·부동산 등 다양한 자산에 분산투자하여 변동성을 낮추고 안정적인 수익을 추구하는 전략으로, '자산배분투자'라고 합니다.

자산시장에도 계절이 있다

투자시장은 마치 사계절이 순환하는 것처럼, 특정 시기에 특정 자산이 주목받고 좋은 성과를 내는 시기가 있습니다. 봄에는 새싹이 돋고, 여름에는 성장이 왕성해지며, 가을에는 결실을 맺고, 겨울에는 휴식이 필요한 것처럼 자산시장에도 계절이 있습니다. 역사상 뚜렷했던 투자의 계절들을 살펴볼까요?

1) 채권투자의 시대 (1980년대 초반)

1980년대 초반, 미국에서는 높은 인플레이션을 잡기 위해 폴 볼커 연방준비제도 의장이 급격한 금리 인상을 단행했습니다. 이러한 금리 인상으로 인해 1981년 9월, 미국 10년 만기 국채수익률이 15.84%까지 치솟았고 채권에 투자한 사람들은 장기간 높은 이자수익을 누릴 수 있었습니다.

2) 원자재 투자 붐 (2000년대 초반)

2000년대 초반, 중국의 급속한 경제성장으로 인해 원자재 수요가 급증했고, 이는 국제적인 원자재 가격 상승으로 이어졌습니다. 2000년 1월 배럴당 25달러였던 원유 가격이 2008년 7월에는 147달러까지 상승했습니다. 이 시기에 원자재 관련 주식이나 펀드에 투자한 사람들은 큰 수익을 얻을 수 있었습니다.

3) 이머징마켓 투자 열풍 (2000년대 초중반)

2000년대는 '이머징마켓의 시대'였습니다. 브라질, 러시아, 인도, 중국 등 신흥시장의 높은 경제성장률로 인해 이머징마켓 투자가 주목받았고, 2001년부터 2007년까지 MSCI 이머징마켓 지수는 연평균 26%의 수익률을 기록했습니다. 2003년부터 2007년까지 중국 상하이종합지수에 투자했다면 약 500%의 수익을 얻을 수 있었습니다.

4) 미국시장으로의 회귀 (2010년대 이후)

2010년대 이후, 미국 빅테크 기업들의 성장으로 인해 미국 주식시장이 글로벌 투자자들의 관심을 받았습니다. 2008년 글로벌 금융위기 이후 2025년 2월 현재까지 미국 S&P500지수는 5배 이상 상승했습니다. 이 기간 동안 미국 주식, 특히 빅테크 주식에 투자한 사람들은 높은 수익을 얻을 수 있었고, 지금도 여전히 이 흐름은 이어지고 있습니다.

투자의 계절은 지나고 나면 구분이 되지만 언제 와서 언제 가는지는 알기 어렵습니다. 주식시장이 오르다 갑자기 내리고, 안정적이었던 채권시장이 변동성으로 가득 차기도 합니다. 이러한 불확실성 속에서 많은 투자자는 고통을 겪습니다. 자산배분투자는 이런 불확실성 속에서 살아남기 위한 고민과 연구의 결과물입니다.

목표수익률이 낮은데도
자산배분투자를 하는 이유

워런 버핏의 좋은 주식에 투자하기, 존 보글의 인덱스펀드 투자에 비해 자산배분투자는 수익률이 낮은 편입니다. 그런데 왜 많은 전문가들이 자산배분투자를 해야 한다고 말하고, 국민연금을 비롯한 세계적인 연기금들은 자산배분투자를 통해 기금을 운용하고 있을까요?

자산배분투자를 해야 하는 이유는 크게 2가지로 정리할 수 있습니다.

1) 종목 선정과 매매 타이밍 선정에서 자주 실패하기 때문

투자에서 성공하려면 종목 선정을 잘하고 매매 타이밍을 잘 알아야 합니다. 이 2가지만 알면 누구나 주식투자를 통해 큰 부자가 될 수 있습니다. 하지만 문제는 어떤 주식이 좋은 주식인지 알기도 힘들고, 언제 오르고 내릴지 누구도 알 수 없다는 사실입니다. 세계 최대 연기금을 운용하는 전문가들도 스스로 그렇게 인정하기 때문에 마음 편하게 투자할 수 있는 자산배분투자를 선택하고 있는 것이죠. 주식, 채권, 금, 원자재 등 다양한 자산으로 분산하여 투자하기 때문에 종목 선정이나 매매 타이밍에 신경 쓰지 않고 계속 투자할 수 있습니다.

2) 장기투자에는 심리적 안정성이 필요하기 때문

투자를 하고 있는데 갑자기 시장에 위기가 닥치거나 경기가 나빠져 주식시장이 급락하거나 하락하고 있는 상황이라고 생각해 봅시다. 여기저기서 30%, 50% 손실이 났다고 난리인데, 나의 투자 포트폴리오는 마이너스 10%라면 기분이 좋을까요, 나쁠까요? 손실이 났다는 사실은 기분 좋을 일이 아니지만 상대적으로 마음은 평화롭게 계속 투자하는 데 큰 어려움이 없겠죠.

주식시장이 급격히 하락하면 많은 투자자는 공포에 휩싸여 자산을 팔아버리는 경우가 많습니다. 물론 그 시간을 견디면 다시 올라가겠지만 그 공포와 불안을 이기기는 쉽지 않죠.

이럴 때 자산배분투자는 변동성을 줄여 주어 투자자가 감정에 휘둘리지 않고 장기적인 투자계획을 유지할 수 있게 돕습니다. 상대적으로 마음 편하게 투자할 수 있는 방법이죠. 그래서 자산배분투자를 Couch Potato Investment(소파에 앉아서 감자칩 먹으면서 TV 보는 것처럼 속 편하게 투자하는 방법)라고 표현합니다. 그럼 속 편한 게으른 투자를 구체적으로 알아볼까요?

자산배분투자의 방법

자산배분투자(Asset Allocation Investment)는 투자 포트폴리오를 다양한 자산군(예 : 주식, 채권, 부동산, 원자재 등)으로 나누어 투자하는 전략입니다. 다양한 자산으로 나누어 투자하는 이유는 주식·채권 등 개별자산의 변동성을 줄이고 포트폴리오 전체적으로 안정적인 수익을 추구할 수 있기 때문이죠.

투자에 익숙하지 않은 사람들은 자산배분투자라는 단어만 들어도 머리가 아플 수 있고, 전문적으로 자산배분투자를 하는 것은 쉽지 않습니다. 하지만 이 책에서 다루는 수준은 의미 있지만 어려운 수준은 아니니 같이 살펴보면서 초보투자자 수준에서 어떻게 활용할 수 있는지 알아봅시다. 어떤 자산을 어떻게 구성하고 어떻게 운용해야 할까요?

1) 목표수익률 설정

첫 번째 단계는 목표수익률 정하기입니다. 목표수익률에 따라 편입하는 자산 비중이 달라집니다. 고수익을 원할수록 주식 비중을 높게 구성해야 합니다. 이 경우 변동성도 높아집니다. 상대적으로 수익이 좀 낮더라도 안정적인 운용을 원한다면 주식 비중을 줄이고 채권이나 다른 자산의 비중을 높이면 됩니다.

2) 자산군과 투자상품 결정

주식, 채권, 금, 원자재, 부동산 등 서로 다른 자산군을 선택합니다. 각 자산군은 고유의 위험과 수익 특성을 가지고 있으며, 경제 상황에 따라 서로 다르게 반응합니다. 예를 들어 주식은 성장성과 수익잠재력이 높지만 변동성도 크며, 채권은 상대적으로 안정적이지만 수익률이 낮습니다. 이런 점을 고려하여 어떤 자산을 어떤 투자상품으로 투자할지 결정해야 합니다.

3) 자산재배분 기준 결정

시간이 지나면서 각 자산은 가격이 변하기 때문에, 초기 설정된 비중이 변동될 수 있습니다. 따라서 정기적으로 포트폴리오를 재조정하여 원래의 자산배분비율을 유지하거나, 새로운 목표에 맞게 조정합니다. 매월, 분기별, 매년 원하는 대로 할 수 있지만 우리는 게으른 투자자이니 1년에 한 번 정도 하면 될 것 같습니다.

그럼 다양한 자산, 포트폴리오 비중, 리밸런싱 3가지 요소가 어떻게 작용하는지 간단한 사례를 통해 살펴보겠습니다.

1억을 투자하면서 주식 50%, 채권 50%에 투자했다고 생각해 봅시다. 1년 뒤 주가가 오르면 주식 비중이 50%에서 60%가 될 수 있습니다. 그러면 주식 10%를 팔아서 채권을 삽니다. 1년이 지나고 주가가 떨어져 40%가 됩니다. 그러면 채권을 팔아서 주식을 삽니다. 이렇게 하면 주식이 비쌀 때 팔고 주식이 쌀 때 사는 효과가 반복됩니다.

주식과 채권을 선택하는 것이 자산군으로 나누어 투자하는 것이고, 50 대 50으로 나누는 것이 포트폴리오 비중을 결정하는 것이고, 매년 비율을 조정하는 것이 리밸런싱입니다.

다음 그래프는 2015년부터 10년간 주식(S&P500), 채권(미국장기국채)에 각각 투자했을 때와 자산배분투자를 했을 때 결과를 알려주는 그래프입니다. 주식은 10년 동안 연평균 12.5% 수익이 나서 10,000달러가 32,479달러가 되었습니다. 수익이 많이 났습니다. 채권은 연평균

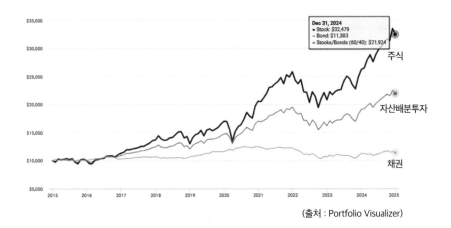

(출처 : Portfolio Visualizer)

1.3% 수익률로 11,383달러가 되었고, 주식과 채권 자산배분투자(6:4)는 연평균 8.17% 수익률로 21,924달러가 되었습니다. 그래프로 보면 알 수 있듯이 2020년 코로나 위기로 주가가 폭락했을 때 주식은 많이 떨어졌고, 자산배분투자는 중간, 채권은 거의 낙폭을 느낄 수 없었습니다. 이처럼 변동성이 높을수록 기대수익률도 높고, 기대수익이 낮을수록 변동성도 줄어든다는 것을 알 수 있습니다.

다양한 자산배분투자

그럼 자산배분투자를 하면 어느 정도 수익을 기대할 수 있을까요? 3가지 자산배분 포트폴리오를 비교하여 어떤 결과들이 나오는지 보면 쉽게 이해할 수 있습니다.

첫 번째 포트폴리오는 전통적인 자산배분으로, 주식 60%, 채권 40%로 이루어진 포트폴리오입니다. 위에서 살펴본 포트폴리오로 연평균 8.17% 수익이 났고, MDD(Maximum Drawdown, 최대낙폭)는 20.69%입니다.

두 번째 포트폴리오는 어떤 투자의 계절이 오더라도 영구적으로 운용할 수 있는 포트폴리오라는 의미로, 영구 포트폴리오(Permanebt Portfolio)라고 불립니다. 주식, 채권, 금, 현금을 각 25%씩 투자하는 포트폴리오입니다. 10년 동안 연평균 5.53% 수익이 났고 MDD는 15.92%입니다.

(출처 : Portfolio Visualizer)

포트폴리오	전통적 포트폴리오	영구 포트폴리오	올웨더 포트폴리오	S&P500
투자원금	$10,000	$10,000	$10,000	$10,000
투자결과	$21,914	$17,126	$15,412	$33,794
연평균수익률	8.17%	5.53%	4.42%	12.95%
MDD	20.69%	15.92%	21.03%	23.95%

그리고 세 번째 포트폴리오는 레이 달리오의 올웨더 포트폴리오로, 연평균수익률은 4.42%이고 MDD는 21.03%입니다.

벤치마크로 활용한 S&P500지수는 연평균수익률 12.95%이고 MDD는 23.95%입니다.

이처럼 백테스트 기간에 따라 다양하게 나올 수 있겠지만 수익률로 보면 자산배분투자는 그리 매력적이지 않습니다. 하지만 주식으로만 운용하는 것보다 상대적으로 변동성이 낮은 것을 활용하는 것이라고 생각하면 됩니다.

여기서 한 가지 더 언급하고 싶은 것은 변동성이 낮다는 것은 최대 낙폭(MDD)이 적다는 것인데, 생각보다 차이가 크지 않다는 느낌이 들 수 있습니다. 이것은 지난 코로나 위기 이후 시장 전체가 하락할 때 주식·채권·금 등 대부분의 자산이 하락했기 때문입니다. 투자 역사상 경험하지 못했던 일이 발생한 것이죠. 그래서 코로나 이후 이런 백테스트를 해보면 자산배분투자의 변동성 축소 효과가 미미해 보입니다. 하지만 아주 특이한 시기였기에 그렇다고 보는 것이 좋습니다. 코로나 이전에는 이런 자산배분 포트폴리오의 최대낙폭은 10~15%가 대부분이었고, 올웨더 포트폴리오는 10%를 넘지 않았습니다. 그래서 코로나 위기가 포함된 지난 10년간의 수치만 가지고 큰 효과가 없는 것 같다는 판단은 옳지 않아 보입니다.

자산배분투자를 하고 있는 경우 지난 코로나 위기 이후 주식시장이 하락할 때 어떤 느낌이었는지는 경험해 본 사람은 잘 알고 있습니다. 어쩔 수 없이 포트폴리오가 손실이 나긴 했지만 상대적으로 손실이 아주 적었고, 해외 ETF를 활용하여 달러로 투자한 경우에는 환차익 때문에 손실은 거의 없었습니다.

이 책에서 다루는 자산배분투자에 대한 내용은 아주 일부분입니다. 훨씬 더 깊고 다양한 지식들이 많이 있으니 자산배분투자에 대해 더 공부하고 싶은 분들은 관련 책들을 활용하기 바랍니다. 하지만 전업 투자자가 아닌 경우에는 활용하기 쉽지 않으니 이 정도 내용을 먼저 실행해 보는 것을 추천합니다. 워런 버핏은 "하루에 6시간 이상 주식시장에 대해 공부할 수 있는 사람이 아니라면 인덱스펀드에 투자하세요"라고 말합니다. 버핏의 말처럼 매일 자산배분투자에 몇 시간씩 공부할 수 있는 사람이 아니라면 이 정도 지식으로 주식·채권·금 등 3~5개 자산에 나누어 투자하고 속 편하게 지내는 것이 좋을 것 같습니다.

은퇴자산은 다양한 자산에 분산투자하는 것이 정답

국민연금을 비롯하여 연기금들은 자산배분투자를 하고 있습니다. 왜 그럴까요? 연기금은 특정 시점에 반드시 지급해야 하는 의무가 있기 때문입니다. 은퇴자에게 정기적으로 연금을 지급해야 하는 상황에서 변동성이 큰 자산에만 투자했을 경우, 시장이 급격히 하락한 시점에 자산을 팔아서 지출을 충당해야 한다면 커다란 손실이 확정되고 맙니다. 즉, 수익을 회복할 기회가 사라지는 것이죠.

자산가치가 낮은 상태에서 필요한 자금을 마련하기 위해 자산을 매도하게 되면 그 손실은 회복이 거의 불가능한 '확정손실'로 이어지고, 이는 장기적으로 포트폴리오의 가치에 심각한 영향을 미치게 되어 연기금의 안정적인 운영에 위험을 초래할 수 있습니다.

예를 들어 1조 원을 운용하고 있는 기금에서 매년 500억 원을 지출해야 한다고 가정해 봅시다. 1조 원의 5%면 500억 원이니 그리 크지 않은 수익을 얻더라도 지출에는 큰 어려움이 없습니다. 그런데 이 기금이 경제위기나 운용 실패로 5,000억 원으로 자산이 줄어들면 어떻게 될까요? 그러면 매년 500억 원씩 4년만 지급하면 기금은 3,000억 원으로 바닥이 나고, 3,000억 원이 시간이 흘러 100% 상승하여 6,000억 원이 되었다 하더라도 500억 원씩 매년 지급하다 보면 원금이 지속적으로 줄어들어 결국 기금을 청산해야 하는 상황이 될 수 있습니다.

우리나라 국민연금을 비롯하여 캘리포니아 공무원연금, 노르웨이 정부연금, 예일대학교 대학기금 등 세계적으로 자산 규모가 크고 유명한 연기금들이 자산배분투자를 하는 이유는 수익도 수익이지만 계속 지급하면서 운용을 해나가야 하기 때문입니다. 그리고 이는 연기금뿐만 아니라 노후자금을 운용하는 (예비)은퇴자들에게도 똑같이 적용됩니다.

자산배분투자는 단순히 높은 수익률을 쫓기보다는, 투자자의 전반적인 재정 건강을 유지하며 목표를 달성할 수 있도록 돕는 중요한 전략입니다. 특히 은퇴나 은퇴를 앞둔 투자자에게는 시장의 변동성에 대비하고 심리적 안정을 유지하는 것이 매우 중요하기 때문에, 자산배분투자는 장기적으로 매우 유익한 접근방식이라고 볼 수 있습니다. 구체적으로 이야기하면 자산을 키워나가는 시기보다 자산을 안정적으로 운용해야 할 은퇴자산이나 목돈을 운용할 때 적합한 투자전략입니다.

자산배분투자를 통해 1년에 한 번만 포트폴리오를 조정하는 게으른 투자를 해보면 어떨까요? 어느 정도 규모의 자산이 모여 있다면, 그 자산이 연금으로 활용되어야 한다면 자산배분투자를 적극적으로 활용하여 게으르지만 효과적으로 자산을 관리하기 바랍니다.

투자의 핵심, 복리의 힘

복리투자의 전형인 워런 버핏의 버크셔 해서웨이의 주가를 살펴봅시다. 참고로 버크셔 해서웨이는 투자와 보험 사업 등을 영위하는 지주회사로, 주식시장에서 '가치투자'의 대표 사례로 평가받으며, 장기적인 관점에서 우량 기업에 투자하는 전략을 취하고 있습니다.

2025년 3월 26일 현재 버크셔 해서웨이 1주 주가는 792,966달러로, 원화로는 1억 원이 넘습니다. 워런 버핏이 60세가 되던 1990년에 이 주식의 1주당 가격이 8,175달러였는데, 이후 35년 동안 매년 연평균 14%로 주가가 계속 올랐습니다. 1962년 워런 버핏이 버크셔 해서웨이를 인수했을 당시 가격이 주당 7.5달러였으니 9만 배 이상 올랐습니다.

버크셔 해서웨이

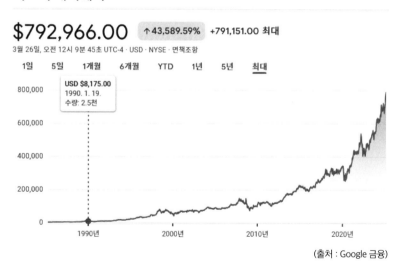

(출처 : Google 금융)

1만 원을 투자했다면 9억 원이 된 것이죠.

버크셔 해서웨이의 주가가 이렇게 상승하게 된 이유는 물론 높은 수익률이 가장 중요한 요인일 겁니다. 그런데 또 하나 의미 있는 요인이 있습니다. 바로 배당입니다. 버크셔 해서웨이는 배당을 하지 않습니다. 좋은 회사는 수익을 내면 투자자에게 배당을 한다는 것이 우리가 가지고 있는 통념이죠. 그런데 버크셔 해서웨이는 배당을 하지 않는데도 투자자들이 전혀 불만이 없습니다. 왜냐하면 배당을 받으면 그 돈을 다른 곳에 쓰거나 다른 곳에 투자할텐데 워런 버핏만큼 제대로 불려주는 곳이 없기 때문이죠. 그래서 투자자들은 지속적으로 재투자되는 효과를 장기적으로 보고 있는 겁니다. 배당을 하면 투자자산에서 배당한 만큼 투자금액이 줄어들지만 버크셔 해서웨이는 배당을 하지 않고 계속 투자를 하면서 복리효과를 극대화하고 있는 것이죠.

버크셔 해서웨이의 주가 상승을 살펴보는 이유는 복리의 힘을 함께 생각해 보기 위해서입니다. 수익을 지속적으로 재투자할 때 경험할 수 있는 것이 복리의 힘입니다. 그런데 우리는 어떻게 하나요?

1,000만 원 투자해서 20% 수익이 나면 동료나 지인들, 가족들과 함께 그 행복을 나눕니다. 외식을 하거나 술 한잔하면서 말이죠. 재투자해서 복리효과를 볼 수 있는 기회를 이렇게 날려 버립니다. 버크셔 해서웨이처럼 어느 정도 자산이 형성될 때까지는, 내가 원하는 경제적 자유를 누릴 수 있을 때까지는 장기투자를 하면서 수익을 재투자해야 한다는 것을 잊지 말아야 합니다.

1등 기업 주식에 분산투자하는 방법, 인덱스펀드에 적립식으로 투자하는 방법, 자산배분투자를 통해 위기를 극복하고 자산을 키우는 방법을 제대로 알고 활용하는 것은 매우 중요합니다. 하지만 그 무엇보다 경제적 자유를 이루기 위해 필요한 능력은 평생투자를 통해 복리효과를 활용하는 것입니다. 투자를 해서 수익이 좀 났다고 주위에 맛있는 것 쏘고, 그때마다 필요한 것을 사는 태도로는 복리효과를 제대로 볼 수 없습니다. 자신에게 필요한 자산이 확보될 때까지는 투자자산을 빼지 않는 것이 가장 중요합니다. 그래서 연금저축이나 IRP처럼 장기투자에 적합한 계좌를 활용해 장기투자하는 것이 자산을 불리는 가장 좋은 방법이라는 것을 다시 한 번 강조합니다.

'게으르게 불리기'의 핵심은 2가지입니다. 하나는 주식이든 펀드든 내가 시장을 이기려고 쏟는 노력은 실패할 가능성이 높으니 시장이 주는 신호를 활용하라는 겁니다. 또 하나는 단기적인 승부는 실패할 가능성이 높으니 장기적인 관점에서 복리효과를 누리라는 겁니다. 게으르지만 효과 있는 투자로 자산을 안정적으로 불려나가기를 바랍니다.

불리기 역량을 위한 셀프코칭 질문

1 경제적 자유와 원하는 삶을 누리기 위해 필요한 자산은 얼마인가요?

....

2 필요한 자산을 모으기 위해 어떻게 저축·투자를 하고 있나요?

....

3 당신의 투자는 '게으르게 불리기'에 가까운가요? '추월차선으로 남들보다 빨리 가기'에 가까운가요?

....

4 당신의 저축·투자 수익률을 높이기 위해 무엇을 하면 좋을까요?

....

5 1등 기업 주식에 투자하기, 지수에 투자하기, 다양한 자산에 투자하기의 3가지 투자방법 중에서 당신은 어떤 투자방법을 선택하고 싶나요?

....

6 성공적인 투자를 위해 당신에게 필요한 것은 무엇인가요?

....

7 게으르게 불리기를 실천하기 위해 지금 당장 할 수 있는 일은 무엇인가요? 언제, 어떻게 실행할 수 있나요?

....

4장

◆

후회 없이 '쓰기'

돈을 잘 쓴다는 것은
쓸 때 쓰고 안 쓸 때 안 쓰는 것이다.
돈을 잘 쓴다는 것은
무작정 아끼는 것이 아니라
후회 없이 행복하게 제대로 쓰는 것이다.

질문은 이것이다.
'언제가 쓸 때이고, 언제가 쓰지 말아야 할 때인가?'

1

지출관리가
어려운 시대

대한민국의 가계부채 비율이 OECD 국가 중 최고라고 합니다. 우리는 카드, 할부금융, 리볼빙 서비스의 도움으로 소득의 한계를 벗어나 소비하면서 '소득 내에서 지출하는 능력'을 잃어가고 있습니다. 시간이 지날수록 가계대출은 늘어나고 있고, 많은 전문가들은 가계부채를 한국 경제의 '시한폭탄'이라고 말합니다.

돈을 더 많이 벌고, 돈을 더 잘 굴리고, 돈을 잘 지키는 것은 대부분 시간이 어느 정도 흐른 미래의 일입니다. 하지만 돈을 쓰는 것은 바로 지금 현재의 일입니다. 내가 어떻게 쓰느냐는 지금 당장 통장에 영향을 미칩니다.

시간이 지날수록 점점 가난해지고 신용점수가 하락하는 사람들은 대부분 '쓰기' 역량이 부족하고 돈관리에 실패한 사람들입니다.

우리는 왜 이렇게 돈관리가 어려운 걸까요? 우리의 잘못만은 아닙니다. 돈을 잘 쓰기 위해서는 우리가 지출관리에 실패하는 이유를 먼저 알아야 합니다.

지출관리에 실패하는 시대적 이유

'돈을 잘 쓰기'가 쉽지 않은 시대입니다. 월급이 많이 늘었고 생활수준도 많이 높아졌지만 경제적인 여유는 더 없어진 것 같습니다. 우리는 왜 점점 더 여유가 없는 삶을 살아가게 되는 걸까요?

여기에서는 지출관리에 실패하는 시대적 이유를 3가지 측면에서 살펴보겠습니다.

1) 돈의 감각이 없어진 시대

현금을 주고받던 시대에는 돈을 보고 만지고 느낄 수 있었습니다. 돈을 한 장 두 장 세고 전달하면서 돈에 대한 감각을 느끼면서 살았죠. 하지만 신용카드가 나오고 다양한 지급수단들이 생기면서 돈에 대한 감각을 잃어가고 있습니다.

돈을 지출할 때 느끼던 고통도 없고, 보고 만지면서 느끼는 감도 없고, 돈이 들어오고 나가는 것에 대한 감도 없습니다. 떵똥 하고 들어온 돈이 떵똥떵똥 하면서 나갈 때도 아무런 감각을 느끼지 못합니다. 현금보다 편한 카드, 카드보다 편한 결제수단들이 소비를 계속 부추깁니다. 한 번 등록해 놓으면 너무 쉽게 결제되며 돈은 통장을 떠나갑니다. 돈에 대한 감각이 없어지니 돈을 잘 관리하기 어려운 시대입니다.

2) 욕망을 자극하는 시대

어느 날 페이스북에 환하게 웃고 있는 후배의 사진이 올라왔습니다. 후배가 있는 지구 반대편, 남미 페루에 있는 잉카 문명의 마지막 요새인 마추픽추(machu picchu)의 멋진 풍경들, 오가는 여정에서 만난 사람들, 맛난 음식, 이국적인 장면들이 눈을 사로잡습니다. 열심히 일해 모은 돈으로 여행을 가고 그곳에서 다양한 사람들을 만나고 새로운 문화를 경험하면서 그 모습을 SNS에 공유하는 모습은 이제 우리에게 익숙합니다. 후배는 마치 '이것이 인생이야!'라고 외치는 것 같습니다.

아르바이트한 돈과 집안 어른들이 준 용돈을 모아 유럽 배낭여행을 다녀온 아들은 다양한 나라의 음식과 문화, 사람들을 말하며 언제든 기회만 되면 다시 여행을 떠나려고 합니다.

이런 친구들과의 만남과 대화는 참 즐겁습니다. 어떻게 돈을 모았고, 어떤 생각으로 떠났는지, 가까이는 제주와 동남아에서, 멀리는 유럽과 남미에서 어떤 사람들과 만났고 어떤 대화를 나누었고 무엇을 느꼈는지 풀어놓는 그들의 모습은 늘 들떠 있고 매력적입니다. 그들은 늘 이렇게 말하는 것 같습니다.

"당신도 떠나봐야 해!" "이 세상에는 너무 멋진 곳들이 많아!" "새로운 경험은 당신에게 힐링을 선사할 거야" "가봐야 알 수 있어~"

SNS에는 '너도 이렇게 즐겨 봐'라고 유혹하는 이미지들로 가득합니다. 인스타그램에 '오마카세'를 검색하면 약 75만 개의 게시물이 있고, '호캉스'를 검색하면 약 330만 개의 게시물이 있습니다.

사고 싶은 것, 하고 싶은 것, 보고 싶은 것이 넘쳐나는 시대입니다. SNS와 쇼핑 채널의 멋진 영상들은 우리에게 필요하지 않은 것을 욕망하게 만듭니다. 특별한 이벤트였던 해외여행이 일상이 되었고, 고급 식당과 명품 소비가 우리의 뇌리 속에 들어와 나도 그렇게 하고 싶다는 욕망을 자극합니다. 그래서 우리는 돈관리가 매우 어렵습니다.

3) 소비가 나의 가치를 결정하는 시대

'당신은 누구인가?'보다 '당신은 무엇을 소비하는가?'에 대한 답에 따라 그 사람의 가치를 평가하는 시대가 되었습니다.

명품을 사는 사람과 명품이 없는 사람, 오마카세를 즐기는 사람과 즐기지 못하는 사람, 유럽 어딘가에서 멋진 여행을 하는 사람과 그러지 못하는 사람이 가치가 다른 것처럼 여겨지는 시대입니다. 그래서 우리는 소비를 통제하기 힘들고 지출관리가 힘들어집니다. 결국 우리는 소득의 한계를 벗어나 소비를 통해 나를 드러내는 데 동참합니다. 그리고 우리의 통장은 텅 비어 갑니다.

돈에 대한 감각이 없고, 소비 욕망을 자극하는 사진과 영상에 노출되어 있고, 소비가 나의 가치를 결정하는 시대에 소득이 한정된 우리는 돈관리 때문에 때로는 슬프고 때로는 우울하게 살아갑니다.

돈을 잘 쓴다는 것

    돈을 잘 쓰기 어려운 시대, 돈이 어디로 와서 어디로 가는지 알기 힘들고 내가 원하는 방향으로 돈을 쓰기 힘든 시대, 돈을 잘 쓴다는 것, 돈을 잘 다룬다는 것은 어떤 의미일까요?

    지인들과 함께 경기도 인근에 있는 퍼블릭 골프장에 갔을 때의 일입니다. 골프를 친지 한참 되어 요즘도 이런 골프장이 있는지 잘 모르겠지만 그 골프장은 골프를 치고 나서 골프백을 자신이 직접 차에 실으면 돈을 내지 않지만 직원에게 3,000원을 내면 골프백을 차에 실어주는 골프장이었습니다. 골프를 친 사람들은 대부분 3,000원을 내고 이 서비스를 이용했는데, 일행 중 한 분이 직접 골프채를 들고 가 트렁크에 넣으면서 3,000원을 아끼는 모습을 보고 살짝 놀랐습니다. 왜냐하면 그분이 우리 일행 중에서 가장 부자였고, 가장 연장자였기 때문입니다.

이런저런 생각들이 스쳐 지나갔습니다. '저분이 그렇게 알뜰한 분이셨나?' '얼마 된다고 그런 걸 아끼나?' '여기서 일하는 사람들도 먹고살아야지'라는 생각이 들기도 하고, '저렇게 해야 부자가 될 수 있는 걸까?'라는 생각도 들었습니다.

여기서 이야기를 멈추면 구두쇠 짓을 하면서 돈을 모은 꼰대의 모습을 떠올릴 수 있겠죠. 하지만 그분은 그런 분이 아닙니다. 골프를 마치고 함께 맛있는 저녁을 먹었습니다. 누가 계산했을까요? 적지 않은 식사비는 3,000원을 아낀 그분이 아주 기분 좋게 계산했습니다.

저는 그날 '돈을 잘 쓴다는 것'의 의미를 알게 되었습니다. 자신이 필요하다고 생각하는 지출은 큰돈이라도 쓸 줄 알고, 불필요한 지출이라고 생각하면 적은 돈이라도 아끼는 모습을 보면서 '돈을 잘 쓴다는 건 저런 모습이구나'라는 생각을 하게 되었습니다.

이처럼 돈을 잘 쓴다는 것은 무작정 아끼는 것이 아닙니다. 돈을 지나치게 아끼는 사람은 대부분 자신뿐만 아니라 타인에게도 인색한 경우가 많습니다. 돈을 잘 쓴다는 것은 상황이나 주위의 시선을 의식하지 않고 스스로 판단해 필요한 지출과 필요하지 않은 지출을 구분해서 쓰는 것, 자기 나름대로 소비에 대한 기준이 있고 그 기준을 지키는 것, 자신의 소득범위 내에서 원칙을 가지고 지출하는 것입니다.

후회 없이 돈을 쓰기 위해 우리는 돈을 잘 쓰는 것에 대한 자신만의 건강한 프레임이 필요합니다. 그리고 그 원칙과 기준을 지키기 위한 무언가가 또 필요합니다. 그것을 알아봅시다.

오디세우스와 세이렌 자매 이야기

트로이 전쟁의 영웅 오디세우스는 전쟁이 끝난 후 고향으로 돌아가는 길에 세이렌 자매가 뱃사람들을 유혹하는 바다를 지나게 됩니다. 세이렌 자매의 노래를 듣는 사람들은 그 매혹적인 소리에 빠져 바다로 뛰어들고 맙니다. 이런 위험에도 불구하고 세이렌 자매의 노래를 듣고 싶었던 오디세우스는 세이렌의 유혹을 이겨내기 위해 자기 몸을 돛대에 결박하고, 부하들에게는 귀를 밀랍으로 막도록 해서 노래를 듣지 못하도록 합니다.

세이렌 자매가 나타나는 바다를 지나가고 있을 때, 세이렌의 고혹적인 노랫소리가 들려옵니다. 노래를 들은 오디세우스는 결박을 풀려고 몸부림치며 자신을 풀어달라고 소리칩니다. 하지만 밀랍으로 귀를 막은 부하들은 그의 절규를 듣지 못합니다. 시간이 지날수록 노랫소리는 점점 약해져서 마침내 세이렌의 유혹으로부터 무사히 벗어나 고향으로 갈 수 있었습니다.

오디세우스에게 배울 수 있는 교훈은 2가지입니다.

첫 번째 교훈은 자신도 다른 사람들처럼 유혹에 넘어갈 수 있다는 것을 인정하는 겁니다. 많은 사람이 '나는 다르다'라고 생각합니다. 다른 사람들과 달리 자신은 유혹을 이길 수 있다고 생각합니다. 하지만 모든 사실을 잘 알고 있던 오디세우스도 세이렌의 노래를 들었을 때 부하들에게 자신을 풀어달라고 소리칩니다. 오디세우스가 우리에게 주는 첫 번째 가르침은 자신의 약함을 인정하는 겸손함입니다.

두 번째 교훈은 자신의 약점을 보완할 수 있는 장치를 마련한 겁니다. 스스로 돛대에 결박해서 물에 뛰어들 수 없도록 한 거죠. 피할 수 있으면 좋겠지만 피할 수 없을 때가 있습니다. 그럴 때 스스로 통제할 수 있는 장치가 있어야 합니다. 그래야 물에 뛰어들지 않습니다.

우리는 세이렌 자매의 모습을 자주 접합니다. 우리가 즐겨 찾는 스타벅스의 로고 속 여인이 세이렌입니다. 스타벅스 창업자는 왜 세이렌을 로고에 썼을까요? 아마도 우리에게 '커피 마셔~'라고 유혹하기 위해서가 아닐까요? 그리고 대한민국은 그 유혹에 흠뻑 빠져 세계에서 스타벅스 매장이 가장 많은 나라가 된 것이고요.

우리는 세이렌 자매의 '커피 마셔~'라는 유혹 외에도 수많은 유혹이 있는 소비의 바다를 지나가고 있습니다. '이거 멋지지 않아요?' '이 정도는 즐기고 살아야죠~' '아직 이것도 없어요?'라는 유혹들이 가득한 험한 바다입니다. 그래서 우리에게는 오디세우스의 지혜가 필요합니다. 현실에 대한 냉철한 인식을 바탕으로 우리에게 필요한 행동장치를 마련하는 지혜가 필요합니다.

행동장치, 돈을 잘 다루는 사람들이 사용하는 시스템

돈을 잘 다루는 사람들은 이미 다양한 행동장치를 활용하고 있습니다. 먼저 소비통제가 안 될 때 사용하는 몇 가지 행동장치(Behavior Device)들을 생각해 봅시다.

우선 신용카드를 잘라버리면 어떤 효과가 생길까요? 많은 사람이 각종 포인트와 카드 혜택 때문에 신용카드를 쓰는 것이 현명한 소비라고 말합니다. 물론 신용카드를 적절하게 사용하고 효과적으로 통제할 수 있는 사람이라면 그 혜택들을 누리는 것이 좋습니다. 하지만 낭비, 과소비, 충동구매 등으로 그 피해가 크다면 신용카드를 없애 신용구매, 할부구매를 하지 말고 통장 범위 안에서만 지출하는 것이 좋습니다. 이때 '체크카드'를 사용하는 것이 소비를 통제하는 행동장치가 됩니다.

체크카드를 사용하기로 했다면 한 달 소비예산을 미리 정해 놓고 남은 돈은 자동이체를 통해 미리 저축해 버리는 것도 좋은 행동장치일 수 있습니다. 통장에 돈이 없으니 소비를 할 수 없게 되는 거죠.

저같이 통제가 안 되는 남자들이 할 수 있는 방법 중 하나는 통장을 모두 아내에게 맡겨버리는 겁니다. 사업을 하는 분들이나 사람들과의 관계로 인해 지출이 많은 분들에게는 아내의 통장관리가 엄청나게 강력한 행동장치가 될 수 있습니다.

소비를 통제하려고 마음 먹는 것은 어렵지 않습니다. 하지만 생각한 대로 돈을 사용하는 것은 그리 쉽지 않습니다. 그렇다면 좀 더 나답게, 좀 더 행복하게 돈관리를 할 수 있는 시스템은 없을까요? 부와 행복을 함께 키우는 3가지 지출관리시스템인 '1분 지출가계부' '예산 수립' '4개의 통장시스템'을 제안합니다. 이 3가지가 함께 잘 돌아가면 '후회 없이 쓰기'에 큰 도움이 될 것입니다.

2

쓰기 1
1분 지출가계부

돈에 대한 감각 회복하기

돈을 잘 쓰기 위해 가장 중요한 것은 '돈에 대한 감각'입니다. 돈의 감각을 키우기 위해서는 지출을 기록해야 합니다. 지출을 기록하면 돈이 어디로 들어와 어디로 흘러가는지, 내가 사용하는 돈의 규모는 어느 정도이고 변화를 위해 무엇을 해야 하는지 감이 잡힙니다. 이렇게 감각이 생기면 돈을 다룰 수 있는 능력을 키울 수 있습니다.

많은 사람이 돈을 잘 관리하기 위해 '가계부 쓰기'에 도전합니다. 하지만 대부분 실패합니다. 돈의 감각이 생기기도 전에 빽빽한 가계부 양식에 질리고, 구분하고 정리하고 기록하고 반성하는 일에 지쳐버리기 때문입니다. 오늘 하루 기록했다고 내일 부자가 되는 것도 아니니 내일부터 시작해도 아무런 문제가 없을 것 같아 하루하루 미루게 됩니다. 결국 '오늘부터'가 '내일부터'가 되고 가계부는 군데군데 비어가며 방구석 어딘가에서 주인의 손길을 기다리는 신세가 됩니다.

'돈관리를 최대한 쉽고 간단하게 하면서 돈의 감각을 키우는 데 도움이 되는 방법은 없을까?' '좀 게으른 사람들도 실행할 수 있는 방법은 없을까?' '매번 도전했다가 실패하는 사람들에게 희망을 줄 수 있는 쉽고 간단한 방법은 없을까?' 이런 고민을 하다가 '1분 지출가계부'를 만들어 보았습니다.

1분 지출가계부는 일본의 재무컨설턴트이자 베스터셀러 작가인 요코야마 미츠아키가 쓴 책 《90일 완성 돈 버는 평생 습관》에서 소개한 정리법을 상담에 활용해 보면서 업그레이드한 방법입니다. 아주 간단하지만 돈과 삶을 통합적으로 바라보면서 지출관리를 하기에 매우 강력한 방법입니다.

가계부를 살 필요도 없고, 작은 노트 한 권이나 간단한 엑셀 시트로도 충분합니다. 스마트폰에 있는 메모 앱을 사용해도 됩니다. 매일매일 하루 1분의 시간을 내어 빼먹지 않고 자신이 쓴 지출내역만 간단히 기록하면 됩니다. 그렇게 쌓인 기록들은 우리에게 '돈의 감각'을 선물합니다. '돈의 감각'이 생기기 시작하면 돈을 좀 더 잘 다룰 수 있게 됩니다.

소비, 낭비, 성장, 나눔으로 구분하기

1분 지출가계부는 이렇게 작성하면 됩니다.

첫째, 매일 지출한 돈을 적는다.

둘째, 지출한 돈을 소비, 낭비, 성장, 나눔의 4가지로 구분한다.

셋째, 월말에 결산하면서 소비, 낭비, 성장, 나눔 비율을 구한다.

아주 간단해 보이지만 그 의미와 효과는 그리 간단하지 않습니다.

좀 더 구체적으로 하나씩 살펴볼까요?

1) 매일 지출한 돈을 적는다

지출한 돈을 적을 때는 너무 자세하게 기록하려 하지 말고, 금액과 항목만 최대한 단순하게 기록합니다.

이렇게 단순하게 기록하는 것만으로도 충분합니다. 계속 기록하다

| 1분 지출가계부 |

202X년 6월 10일	아침 스타벅스 커피	4,100
	홍길동 대표와 점심	36,000
	미용실	25,000
	작가 미팅 커피	15,000
	코칭 수업	150,000
	김선달 부친 조의금	100,000
	합계	330,100

보면 기록을 들여다보게 되고, 돈이 어디로 나가고 있는지 감각이 생기니까요. '낭비나 사치는 전혀 하지 않는데 돈이 어디로 가버리는지 모르겠어요!'라고 외치는 사람들도 이렇게 단순한 기록만으로 자신의 소비 스타일과 상태를 이해하게 됩니다. 간단하지만 이렇게 직접 기록하는 것은 앱에서 자동으로 기록되는 것과는 차이가 있습니다.

2) 기록한 것을 '소비' '낭비' '성장' '나눔'으로 구분한다

'소비'란 내가 쓸만하다고 생각하는 지출입니다. 필요한 물건과 서비스를 사거나 생활하는데 사용되는 다양한 지출이죠. '낭비'란 스스로 평가하기에 쓸데없이 지출한 돈이나 과하게 지출한 돈입니다. 점심을 먹더라도 좀 과하게 썼다면 낭비로 분류할 수 있고, 취미나 공부를 위해 지출한 돈도 지나치게 지출했다면 낭비로 분류할 수 있습니다. '성장'이란 자신의 미래를 위해 지출한 돈입니다. 학원비일 수도 있고, 책 구매, 강좌 참석 등 오늘 바로 필요한 것은 아니지만 장기적으로 소득

202X년 6월 10일	아침 스타벅스 커피	4,100	소비
	홍길동 대표와 점심	36,000	나눔
	미용실	25,000	낭비
	작가 미팅 커피	15,000	소비
	코칭 수업	150,000	성장
	김선달 부친 조의금	100,000	나눔
	합계	330,100	

을 늘리고 원하는 일을 하기 위해 지출한 돈은 성장으로 분류할 수 있습니다. 마지막으로 '나눔'은 나를 위해 쓴 돈이 아니라 누군가를 돕기 위해, 관계를 위해 함께 쓴 돈입니다.

여기까지는 말 그대로 하루에 1분이면 충분합니다. 이렇게 매일매일 기록하다 보면 돈이 어디로 가는지 알 수 있고, 소비, 낭비, 성장, 나눔에 대한 감각이 생깁니다.

'스타벅스에서 커피를 마셨다' 이것은 소비, 낭비, 성장, 나눔 중 어떤 지출일까요? 다양한 대답이 가능하지만 정답은 '그때그때 달라요'입니다. 내가 원하는 라이프스타일이 하루에 스타벅스에서 커피 한잔을 즐기는 것이라면 스타벅스 커피 한잔은 '소비'입니다. 그런데 스타벅스 커피를 사 들고 나오는데 빽다방이나 메가커피 같은 저가 브랜드 커피 전문점이 보이고 '괜히 비싼 것 샀네'라는 생각이 든다면 '낭비'입니다. 스타벅스에서 책을 보거나 인강을 듣기 위한 것이라면 '성장', 힘들어하는 누군가에게 커피를 사주면서 좋은 대화를 나누었다면 '나눔'이 되겠죠.

3) 월말에 결산하면서 소비, 낭비, 성장, 나눔 비율을 구한다

이제 한 달에 한 번 전체 지출을 정리합니다. 한 달 지출이 150만 원일 경우 그중 소비, 낭비, 성장, 나눔이 각각 몇 %인지 정리해 보면 나의 전체 지출 규모가 얼마인지, 내가 줄이거나 변경할 수 있는 지출이 얼마나 되는지 쉽게 알 수 있습니다.

물론 지출을 관리할 때 식비, 교통비, 통신비 등으로 분류하는 것도 충분히 의미가 있습니다. 그리고 여기에 소비, 낭비, 성장, 나눔으로 구분해서 자신의 지출을 살펴보면 좀 더 적극적인 의미 중심으로 지출을 구분할 수 있습니다.

낭비가 많으면 당연히 문제가 되겠지만 성장이나 나눔도 잘 살펴봐야 합니다. 어떤 사람은 성장 항목 지출이 너무 적어서 문제고, 어떤 사람은 너무 많아서 문제가 됩니다. 성장에 돈을 전혀 쓰지 않는 사람은 시간이 지나도 그대로일 가능성이 높습니다. 너무 많은 사람은 투자한 돈을 성과나 성장으로 이어지게 하는 고민과 노력이 필요하겠죠.

나눔도 비슷합니다. 너무 많아서 문제가 되는 사람이 있고 전혀 없는 사람도 있습니다. 나눔이 지나치게 많은 사람은 주위에 사람은 많지만 돈은 없는 경우가 많습니다. 물론 그 사람들이 나중에 큰 힘이 될 수도 있지만 막연하게 나눔 소비가 많은 사람은 진지하게 점검해 볼 필

| 1분 지출가계부 지출명세서 |

■ 1분 지출가계부

6월	한달 한도		1,500,000	일수	30	하루 한도	50,000
날짜	내용	지출구분	지출금액	누적지출	누적예산	예산대비	잔여한도
10	아침 스타벅스 커피	소비	4,100	4,100	500,000	495,900	1,495,900
10	홍길동 대표와 점심	나눔	36,000	40,100	500,000	459,900	1,459,900
10	미용실	낭비	25,000	65,100	500,000	434,900	1,434,900
10	작가 미팅 커피	소비	15,000	80,100	500,000	419,900	1,419,900
10	코칭 수업	성장	150,000	230,100	500,000	269,900	1,269,900
10	김선달 부친 조의금	나눔	100,000	330,100	500,000	169,900	1,169,900
12	아침 스타벅스 커피	소비	4,100	334,200	600,000	265,800	1,165,800
13	가족과 외식	소비	120,000	454,200	650,000	195,800	1,045,800
14	도서 구입	성장	45,000	499,200	700,000	200,800	1,000,800
14	손오공 대표와 저녁	소비	45,000	544,200	700,000	155,800	955,800
15	승용차 주유	소비	50,000	594,200	750,000	155,800	905,800

[소비, 낭비, 성장, 나눔]

지출구분	금액	비중
소비	238,200	40%
낭비	25,000	4%
성장	195,000	33%
나눔	136,000	23%
합계	594,200	100%

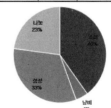

요가 있습니다. 그리고 나눔이 없는 사람은 관계에 문제가 없는지 되돌아볼 필요가 있습니다.

지출명세서가 나를 드러낸다

"지금 네 곁에 있는 사람, 네가 자주 가는 곳, 네가 읽는 책들이 너를 말해준다."

괴테가 이런 멋진 말을 했다고 합니다. 괴테의 말처럼 어떤 사람과 만나고 어디에 자주 가고 어떤 책을 읽는지를 보면 그 사람을 알 수 있습니다. 그 사람이 자주 만나는 사람을 보면 그 사람의 취향이나 삶에 대한 태도를 알 수 있고, 그 사람이 자주 가는 장소를 보면 그 사람이 무엇을 좋아하는지 알 수 있습니다. 그리고 그 사람이 읽고 있는 책은 그 사람의 관심사를 드러냅니다. 그런데 괴테가 말한 것보다 훨씬 더 누군가를 잘 설명하는 것이 있습니다. 그것이 바로 그 사람의 '지출 기록'입니다.

지출명세서는 돈과 시간과 에너지를 어디에 사용하고 있는지를 보여줍니다. 무엇을 좋아하는지, 어디에 시간을 보내고 있는지, 누구와 시간을 보내고 있는지를 알려줍니다. 그런 기록이 나타내는 그 사람이 바로 나입니다. 만약 내가 어떤 사람인지 잘 모르겠다면 자신의 가계부를 보면 도움이 됩니다.

1분 지출가계부가 보여주는 나의 머니스토리가 바로 나의 라이프스토리입니다. 나의 라이프스토리가 마음에 들지 않는다면 어떻게 해야 할까요? 나의 라이프스토리를 바꾸기 위해 나의 머니스토리를 바꿔야 겠죠. 머니스토리는 어떻게 바꿀 수 있을까요? 소비를 위한 새로운 원칙과 기준을 세우는 과정, 바로 '예산 수립하기'가 이제 필요합니다.

3

쓰기 2
돈을 쓰는 기준, 예산

오래 전 〈레미제라블〉이라는 뮤지컬 영화를 온 가족이 함께 봤습니다. 당시 영화를 보고 감동한 초등학교 4학년 둘째 아들이 소설 《레미제라블》을 읽어 보고 싶다고 사달라고 하더군요. 두꺼운 소설책을 읽던 아들은 얼마 후 책을 가져오면서 이렇게 말했습니다.

"아빠, 100페이지가 다 되어 가는데, 아직 장발장이 안 나와!"

그러면서 아들은 책을 놓고 갔습니다. 아들이 놓고 간 책을 읽으면서 '이 녀석, 정말 힘들었겠구나'라는 생각이 들었습니다. '엥엥엥'으로 끝나는 프랑스식 이름과 지명, 역사적 상황 등 초등학생이 읽기에는 역시나 쉽지 않은 책이었으니까요.

《레미제라블》 1권의 주인공은 미리엘 신부라고 해도 과언이 아닙니다. 프랑스혁명 전의 역사적 배경과 함께 장발장에게 음식을 대접하고 잠자리를 제공했던 미리엘 신부의 이야기가 많이 나옵니다. 100페이지가 조금 넘어가면 드디어 장발장이 나옵니다.

장발장은 조카를 위해 빵 한 조각을 훔쳤다는 죄목으로 감옥에 19년 동안 갇혀 있다가 가석방됩니다. 가석방된 후 가는 곳마다 배척당하고 쫓겨나는 장발장을 품어 주었던 단 한 사람이 바로 미리엘 신부입니다. 그런데 장발장은 그 미리엘 신부의 숙소에서 은쟁반을 훔쳐 도망갑니다. 정말 완전 나쁜 놈이죠. 원래 나쁜 놈인지, 감옥생활이 그를 나쁜 놈으로 만들었는지 모르겠지만 은쟁반을 훔쳐 도망갔던 장발장이 잡혀 미리엘 신부 앞으로 끌려옵니다. 장발장은 자신을 체포한 경찰에게 "은쟁반은 신부님이 주신 것"이라고 말합니다. 하지만 밤에 도망가는 도둑이 한 변명치고는 너무 앞뒤가 안 맞는 것이었죠. 경찰은 당연히 그 말을 믿지 않고 잡아 왔고, 은쟁반이 도둑맞은 물건이 맞냐고 미리엘 신부에게 묻습니다. 그런데 이 질문에 미리엘 신부는 의외의 대답을 합니다.

"은쟁반은 내가 준 것이라는 그 사람의 말이 맞소"라고 말하며, 장발장에게 "왜 이 비싼 은촛대는 놓고 갔는가?"라고 물으며 은촛대를 전해 줍니다. 장발장은 미리엘 신부의 말과 태도에 감동을 받고, 망가질 대로 망가진 자신의 삶을 돌아보면서 새로운 사람이 되기로 결심합니다. 그 회심 이후에 그는 마들렌시의 시장이 됩니다.

미리엘 신부의 예산관리

　미리엘 신부는 저자 빅토르 위고가 당시 타락했던 성직자들과 달리 성직자답게 아름답고 고귀한 삶을 살았던 실존 인물을 모델로 만들어 낸 캐릭터라고 합니다. 소설에 나타난 미리엘 신부의 모습 중에서 직업병이 발동하는 내용이 있었는데, 그것은 바로 미리엘 신부의 예산관리입니다.

　당시 성직자들은 정부로부터 예산을 지원받았는데, 많은 성직자들이 그 예산을 빼돌려 사적으로 재산을 축적했습니다. 그런데 미리엘 신부는 그 예산을 전부 가난한 사람들과 고아·과부들을 위해 사용했고, 구체적인 예산을 세워 그 돈을 집행했습니다.

　사람들은 일시적으로 선할 수 있습니다. 그리고 우리 주위에서도 일시적이거나 우연히 착하고 좋은 일을 하는 경우가 있습니다. 어려운 것은 그 선하고 착한 일을 계획적이고 지속적으로 하는 것이죠. 미리엘 신부의 예산을 보면서 모델이 되었던 실존 인물은 '진짜 신부님이구나' '일시적으로 선한 일을 한 사람이 아니라 지속적으로 아름다운 성직자로 살아온 사람이구나'라고 생각하게 되었습니다.

　책에 나온 미리엘 신부의 예산은 다음과 같습니다. 이 예산서를 보면 대부분의 예산이 다른 사람을 돕는 데 사용되고 있다는 것을 알 수 있습니다. 이런 지출 때문에 힘들어하던 수녀들이 추가로 '심방예산'을 신청해서 받게 되는데, 미리엘 신부는 그 추가예산도 대부분 고아와 과부들을 위해 사용합니다.

신학 예비교를 위하여	1,500 리브로
전도회	100 리브로
몽디디에의 성(聖) 라자로 회원을 위하여	100 리브로
파리 외방 선교회 신학교	200 리브로
성령 수도회	150 리브로
성지 종교 회관	100 리브로
어머니 자선회	300 리브로
그 외에, 아를의 어머니 자선회를 위하여	50 리브로
감옥 개선 사업	400 리브로
죄수 위문 및 구제사업	500 리브로
부채로 인해 투옥된 가장들의 석방을 위하여	1,000 리브로
교구의 빈궁한 교사들의 급료 보조	2,000 리브로
오트알프 도(道)의 구황 곡식 저장소	100 리브로
빈민여성들의 무료교육을 위한 부인회	1,500 리브로
빈민을 위하여	6,000 리브로
주교관 개인 비용	1,000 리브로
합　계	15,000 리브로

예산의 의미

　미리엘 신부의 예산서를 보면서 예산의 특징이 무엇인지, 예산의 의미가 무엇인지에 대해 생각해 보았습니다.

우선 예산은 그것을 수립하고 결정하는 사람의 생각을 드러냅니다. 정부의 예산은 대통령이 바뀌면 달라지고, 회사의 예산은 사장이 바뀌면 달라집니다. 예산을 수립하는 사람이 바뀌면 그 사람의 생각과 철학에 따라 예산도 바뀝니다. 그리고 그 예산을 보면 예산을 수립하는 사람이 어떤 사람인지 알 수 있습니다.

그리고 예산이 없으면 늘 부족한 재정 때문에 고생하게 됩니다. 만약 정부가 예산을 수립하지 않고 재정을 운영한다면 어떻게 될까요? 당연히 필요한 지출을 감당하지 못해 늘 부족함에 허덕일 겁니다.

이러한 예산의 의미는 가정에도 동일하게 적용됩니다. 예산은 돈을 쓰는 것에 대한 생각과 태도를 드러냅니다. 예산을 잘 살펴보면 그 사람이 어떤 삶을 지향하고 있는지 알 수 있습니다. 부모에게 효도하는 사람의 예산에는 '부모님 용돈'이 있을 것이고, 함께 사는 사회를 지향하는 사람의 예산에는 '기부금' 항목이 있겠죠. 인간관계를 중요시하는 사람의 예산에는 '술값'과 '경조사비'가 꽤 많은 항목을 차지하고 있을 겁니다.

그런데 가정에 예산이 없으면 어떻게 될까요? 하고 싶은 일은 많은데 돈은 한정되어 있기 때문에 늘 불편하고 스트레스가 쌓이고 결핍에 시달리게 됩니다. 돈을 쓸 때도 스트레스, 돈을 쓰지 않을 때도 스트레스입니다. 그런데도 불구하고 대부분의 가정에서는 예산을 짜지 않고, 설사 예산이 있더라도 그 예산에 자신이 살고 싶은 삶을 녹여내지 않습니다.

예산, 돈을 제대로 쓰는 기준

"여러분, 요즘은 경제적으로 좀 여유가 있으신가요?"

제가 강의를 할 때 수강생 전체를 통일시키는 가장 강력한 질문입니다. 이 질문에 대부분 고개를 가로로 젓습니다. 그리고 여유가 없는 이유는 "소득이 적어서"라고 말합니다. 하지만 꼭 그렇지 않을 수도 있습니다. 돈을 쓰는 지출원칙과 기준이 없으면 우리는 늘 여유가 없게 됩니다. 왜냐하면 쓸 때는 많은데 원칙과 기준이 없으니 늘 결핍감과 스트레스를 느끼게 되기 때문입니다.

예산은 내가 살고 싶은 삶을 숫자로 나타낸 것입니다. 그리고 그 예산을 계획한 대로 소비하는 것이 잘 쓰고 잘 사는 인생입니다. 사치라하더라도 자신이 오랫동안 돈을 모아 아내를 위해 약간의 사치를 계획하고 그 사치를 실행한다면 그것은 괜찮습니다. 똑같이 아내를 위해 선물을 산다고 하더라도 충동적으로 카드를 긁어 할부로 사면 어리석은 지출이 됩니다. 이처럼 같은 소비를 하더라도 예산을 세우고 계획적인 지출을 한다면 돈의 많고 적음에 상관없이 지혜로운 지출입니다. 하지만 아무리 소액이고 평소에 하던 것보다 적은 지출이라도 예산과 상관없이 충동적으로 사용하고 있다면 그것은 어리석은 지출이죠.

여러분도 예산을 세워 보고, 이 예산이 내가 살고 싶은 삶을 제대로 드러내고 있는지 살펴봅시다. 예산을 수립할 때는 앞에서 소개한 '1분 지출가계부'를 참고하여 작성해야 합니다. 아무런 근거없이 원하는 것만 가지고 예산을 수립하면 전혀 사용할 수 없는 예산이 됩니다. 예산을 세울 때는 무조건 아끼려고만 하지 말고, 가능하면 아끼되 정말 원하는 지출은 계획을 세워 스트레스 받지 말고 기분좋게 쓰는 것이 좋습니다.

| 예산 내역서(202X년 6월) |

(단위 : 원)

항목	예산	지출	잔액
저축/투자	500,000	500,000	-
주거비	500,000	500,000	-
보험	550,000	550,000	-
통신비	300,000	300,000	-
교통비	300,000	400,000	-100,000
식비	1,500,000	1,450,000	50,000
의류/미용/잡화	200,000	150,000	50,000
자기계발	200,000	180,000	20,000
취미/여가활동비	200,000	160,000	40,000
문화비	100,000	130,000	-30,000
가족 용돈 등	200,000	200,000	-
경조사/기념일	200,000	100,000	100,000
기부금	100,000	100,000	-
기타	150,000	90,000	60,000
합 계	5,000,000	4,810,000	190,000

4

4개의 통장시스템

많은 사람이 고정지출, 변동지출, 저축과 투자 등 모든 지출을 하나의 통장에서 나가도록 하고 있습니다. 하지만 이렇게 하면 돈이 언제 들어와 어디로 가는지 감을 잡기 힘듭니다. 지금 현재 통장에 들어 있는 돈이 계속 남아 있을 돈인지 곧 나갈 돈인지 구분이 되지 않아, 돈을 써도 되는지 쓰면 안 되는지 헷갈립니다. 이렇게 돈에 대한 감이 없고 헷갈리면 관리하기가 힘들어집니다.

돈관리에서 가장 중요한 것은 '돈의 흐름'을 파악하는 겁니다. 수입이 얼마이고, 어디에 얼마를 쓰는지, 그리고 얼마나 모을 수 있는지를 명확히 알아야 합니다. 4개의 통장시스템은 이러한 돈의 흐름을 명확하게 보여주는 동시에, 자동으로 관리할 수 있게 해주는 효율적인 방법입니다. 어떤 분들은 4개의 통장으로 구분해서 사용해 봤는데 특별히 도움이 되지 않았다고 합니다. 왜 도움이 되지 않았을까요? 기록과 예산 수립 없이 단순히 '4개의 통장시스템'만 활용했기 때문입니다.

돈관리의 기본, 4개의 통장시스템

1분 지출가계부를 통해 지출에 대해 파악한 후, 그 지출기록을 바탕으로 예산을 수립하고 나면 통장시스템을 만들 수 있습니다. 매월 예산과 결산을 진행하면 가장 좋겠지만 그건 그리 쉬운 일이 아닙니다. 가계부 쓰기에 매년 수많은 사람이 도전하지만 결국 실패하는 이유는 매월 꼼꼼하게 예·결산을 하는 게 쉽지 않기 때문입니다.

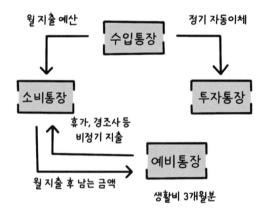

매월 예산과 결산을 하지 않더라도 스트레스를 받지 않고 돈을 쓰기 위한 시스템, 돈관리의 가장 효율적인 방법으로 '4개의 통장시스템'을 추천합니다. 시스템적으로 돈을 관리하려면 돈이 들어오는 '수입통장', 소비지출을 위한 '소비통장', 비상자금을 준비하는 '예비통장', 저축·펀드 등 모으고 불리는 '투자통장' 등 4개의 통장으로 구분하여 관리해야 합니다. 그럼 각각의 통장의 의미와 활용방법에 대해 정리해 보겠습니다.

1) 수입통장

수입통장은 말 그대로 수입이 들어오는 통장입니다. 하지만 단순히 월급이 들어오는 통장이 아니라 전체적인 자금흐름의 컨트롤타워 역할을 하는 통장입니다. 매월 수입이 들어오면 예산을 수립한 대로 소비통장에는 소비예산을 수립한 금액을, 투자통장에는 매월 정기적으로 저축·투자하는 금액을 송금합니다. 그리고 수입통장에서 아파트 관리비, 자동차 할부금, 교육비 등 매월 고정지출금액이 빠져나가도록 합니다. 수입통장에는 스타벅스, 교보문고, 경조비 같은 지출이 찍히면 안 됩니다. 매월 소비예산, 저축·투자예산과 굵직한 고정지출금액들만 찍혀야 합니다.

그래서 수입통장을 보면 매월 수입금액과 고정적으로 나가는 다양한 지출금액을 파악할 수 있어 가정이나 개인의 전체적인 돈의 흐름을 알 수 있고, 내 돈이 어떻게 흘러가는지에 대한 감각이 생깁니다. 개인이나 가정의 지출구조에서 큰 변화가 생기면 수입통장에 찍히는 항목과 금액이 달라집니다. 예를 들어 자동차 할부금을 다 갚으면 다음 달부터 할부금이 빠지지 않게 되고, 자녀 학원비를 줄이거나 늘이면 지출에 큰 변화가 생깁니다. 적금을 중단하거나 투자를 늘려도 가계 현금흐름에 큰 변화가 생기게 되죠. 이처럼 나 스스로 돈의 흐름에 큰 변화를 만들고 싶다면 수입통장에 찍히는 내용을 바꿔야 합니다.

예산을 수립한 대로 소비통장과 투자통장에 송금을 하고 나면 수입통장에는 고정적인 지출 외에는 남는 돈이 거의 없도록 관리하는 것이 좋습니다. 고정적인 지출을 월말에 맞춰 놓으면 그 시기가 지나면 남아 있는 잔고가 거의 없게 되겠죠. 그 시기가 되었을 때 수입통장 잔고가 남아 있지 않다면 참 잘하고 있는 겁니다.

2) 소비통장

소비통장은 일상적인 소비를 관리하는 통장입니다. 식비, 교통비, 여가활동비, 문화생활비 등의 지출은 소비통장에 찍혀야 합니다. 무엇을 먹고, 사고, 즐기는지 소비통장을 보면 알 수 있습니다.

돈관리에서 가장 기본적인 것이 수입통장과 소비통장을 구분하는 겁니다. 스타벅스, 베스킨라빈스, 교보문고 등에서 사용한 돈은 소비통장에 찍혀야지 수입통장에 찍히면 복잡해집니다. 고정지출과 변동지출이 한 통장에 있으면 지금 여유가 있는 상태인지 아닌지 구분하기가 어렵고 적절한 소비에 방해가 됩니다.

수입통장과 소비통장을 구분해 놓고, 예산에 따라 수입통장에서 소비통장에 송금한 다음 소비통장 내에서 지출하면 현재 내 지출이 적절한지 과한지 판단할 수 있습니다. 가계부를 따로 적지 않아도 소비통장만 보면 지출내역을 파악할 수 있고, 매월 소비를 조절해 가면서 생활할 수 있습니다. 소비통장에 잔고가 줄어드는 것을 보면서 적절하게 소비를 하고 있는지, 지나치게 돈을 빨리 쓰는 것은 아닌지 감을 잡을 수 있습니다. 물론 이때 신용카드가 아니라 체크카드를 사용해야 이런 효과를 제대로 볼 수 있습니다. 도저히 신용카드를 잘라버릴 수 없다면 신용카드 결제계좌라도 소비통장으로 옮겨 놔야 합니다.

굵직굵직한 돈의 흐름은 수입통장의 변화로 나타나고, 매일매일의 절약과 사치는 소비통장에 나타납니다. 나를 드러내는 머니스토리도 소비통장에서 잘 드러나겠죠. 큰 금액이 아니라 별 것 아니라고 생각할 수 있지만 소비통장의 작은 변화들이 멋진 머니스토리를 만든다는 것을 기억하세요.

3) 투자통장

투자통장은 자산 증식을 위한 허브통장입니다. 투자통장은 CMA 등 수시입출금이 가능하면서 이자를 주는 상품이 좋습니다. 평소 투자를 많이 한다면 증권사가 좋고, 예·적금을 선호하는 스타일이면 은행을 이용하는 것이 편합니다.

한 달에 100만 원을 저축·투자하기로 했다면 매월 투자통장으로 100만 원을 송금합니다. 그리고 매월 적금이나 펀드는 이 통장에서 빠져나가도록 연결해 둡니다. 저축이나 투자를 하다 보면 만기가 되거나 투자를 중단할 때가 생기고, 일시적으로 쉬어가는 자금도 있는데,

이 돈도 투자통장에서 관리하면서 다시 저축이나 투자를 시작하면 됩니다.

4) 예비통장

예비통장은 말 그대로 비상자금 통장입니다. 갑작스러운 가족의 병원비나 자동차 수리비, 예상치 못했던 경조사 등 예측하지 못한 지출은 언제든지 발생할 수 있습니다. 이럴 때 비상자금이 없으면 어떻게 될까요? 저축·보험·펀드 등을 깨거나 어쩌면 현금서비스를 받을 수도 있습니다. 장기적인 재무계획을 망치게 되는 거죠.

예비통장이 필요한 이유가 바로 여기에 있습니다. 예비통장은 단순한 여유자금이 아닌, 우리의 재무계획을 지키는 안전판 역할을 합니다. 갑작스러운 지출이 발생했을 때 기존의 저축이나 투자를 건드리지 않고도 대응할 수 있게 해주는 완충장치인 셈이죠. 특히 요즘처럼 경제적 불확실성이 큰 시기에는 이러한 안전망의 중요성이 더욱 부각됩니다. 예비통장이 필요한 경우는 크게 3가지로 정리해 볼 수 있습니다.

첫 번째는 앞에서 언급한 것처럼 예상치 못한 긴급지출에 대비하는 비상자금의 역할입니다.

두 번째 쓰임새는 연간 발생하는 특별지출, 계절성 지출을 관리하는 데 있습니다. 매년 여름휴가나 명절, 집안의 경조사가 몰려있는 달이 되면 우리는 늘 돈이 부족합니다. 소비통장에서 이 돈을 쓰면 지출이 들쑥날쑥하게 되어 관리가 어렵게 됩니다. 그래서 연간 지출 예상금액을 예비통장에 미리 넣어 두는 것이 좋습니다.

세 번째 쓰임새는 일상적인 소비지출의 완충역할입니다. 매월 소비통장에서 돈이 남으면 예비통장으로 이체하고 모자라면 예비통장에서 충당할 수 있습니다. 이런 유연성이 안정적인 현금흐름 관리에 도움이 됩니다.

예비통장의 적정규모는 3개월치 생활비 정도로 생각하고 증권사의 CMA나 이자가 발생하는 수시입출금 상품을 활용하면 좋습니다. 이 금액은 특별한 원칙이 있는 것이 아니라 경험상 통계가 알려주는 참고기준이라고 생각하면 됩니다. 너무 많은 금액을 넣을 필요도 없고, 너무 작아서 예비자금 역할을 못하는 것도 문제가 됩니다.

매월 예산과 결산을 진행하는 것이 바람직하지만 쉬운 일이 아니라는 것을 우리는 이미 알고 있습니다. 그래서 4개의 통장시스템을 만들어 관리하다 보면 매월 예·결산을 하지 않아도 돈의 흐름을 파악할 수 있어 돈에 대한 감각이 생기게 됩니다. 내 돈이 어디에서 얼마나 와서 어디로 흘러가는지를 알 수 있는 감각이 생기면 돈을 쉽고 편하게 관리할 수 있습니다.

돈관리는 필요하지만 쉽지 않은 숙제일 수 있습니다. 막연하게 '가계부를 기록해야 하는데'라는 생각으로 시작하면 쉽게 그만두게 됩니다. 1분 지출가계부, 예산 수립, 4개의 통장시스템 등 각 단계의 의미를 잘 이해하고 활용한다면 돈관리로 인한 스트레스는 거의 사라지게 될 겁니다.

5

행복한 소비를 위한
심리학

소비와 행복은 어떤 관계가 있을까요?

소비활동이 사람들의 행복으로 연결될 수 있을지를 연구한 논문 〈소비활동이 행복에 기여할 수 있을까?〉(성영신 외)에서는 소비와 행복의 관계를 설명하기 위해 '소비활동' '소비행복' '삶의 행복'의 3가지 개념을 활용합니다.

'소비활동'은 무언가를 소유하거나 경험하거나 목적을 위해 돈을 쓰는 다양한 활동, 일상적인 소비, 놀이여가, 외모 가꾸기, 친환경소비 등을 포함하는 활동입니다. '소비행복'은 돈을 쓰면서 느끼는 기쁨과 즐거움 등 소비활동에서 느끼는 행복입니다. '삶의 행복'이란 자신의 삶을 얼마만큼 긍정적으로 평가하고 판단하고 있는지를 의미합니다.

행복을 높이는 소비 vs
행복을 낮추는 소비

먹고 싶은 것을 먹고, 사고 싶은 것을 사고, 보고 싶은 것을 보고, 좋아하는 사람과 시간을 보내는 소비활동은 소비행복으로 연결됩니다.

'돈을 쓰면 기분이 좋아지나요?' 당연합니다. 돈을 쓰면서 슬퍼지면 문제가 심각한 거죠. 하지만 모든 소비가 삶의 행복으로 연결되지는 않습니다. 그럼 행복으로 연결되는 소비활동은 무엇이고, 행복을 낮추는 소비활동은 무엇일까요? 소비활동이 성취감, 자존감, 안정감, 관계성, 자율성을 강화하면 행복에 긍정적인 영향을 주고, 후회, 경제적 고통, 심리적 불안, 두려움을 불러일으키고 자존감을 감소시키면 행복에 부정적인 영향을 줍니다.

요즘 유행하는 오마카세 식당에서 비싼 외식을 했다고 생각해 봅시다. 귀한 사람과 즐겁고 기쁜 마음으로 먹었다면 관계성이 강화되고 성취감을 느끼고 자율성이 강화되는 느낌을 받아 행복에 도움이 됩니다. 하지만 여유가 없는 상황임에도 기분을 내고 싶어 충동적으로 지르고 나면 그 뒤에 따라오는 경제적인 고통, 후회, 멍청한 짓에 대한 자존감 감소 등으로 행복에 부정적인 영향을 미치게 됩니다.

구체적으로 어떤 소비활동이 우리를 더 행복하게 하는 걸까요? 심리학자들은 많은 연구와 실험을 통해 소유보다 경험, 나보다 남을 위한 소비, 사치를 위해 계획하기, 감사일기 쓰기 등이 행복에 긍정적인 영향을 미치는 소비활동임을 알려줍니다.

| 행복을 높이는 소비 vs 행복을 낮추는 소비 |

행복에 부정적 영향	소비활동	행복에 긍정적 영향
후회 경제적 고통 심리적 불안 자존감 감소 두려움	일상소비 놀이여가 외모 가꾸기 수집소비 윤리소비 사치소비	성취감 자존감 고취 관계적 강화 안정감 자율성

소유보다 경험

심리학자들은 행복해지고 싶다면 '물건'보다는 '경험'을 사라고 말합니다. 최근에 누군가와 여행했거나 좋은 만남을 가진 것을 생각해 보고, 무언가 괜찮은 물건을 산 기억을 떠올려 보세요. 경험과 소유 중 어떤 것이 여러분을 더 행복하게 했나요?

《심리학이 돈을 말하다》의 저자 저우신위에는 컬럼비아 대학생들을 대상으로 진행한 실험을 책에서 소개합니다. 실험은 79명 학생들을 두 조로 나누어 진행했습니다. 한 조는 100달러가 넘는 경험을 소비한 것을 떠올리게 하고, 한 조는 100달러 넘는 물건을 산 소비를 떠올리게 했습니다. 그리고 곧바로 이렇게 질문합니다.

"그 소비 후 얼마나 더 행복해졌습니까?"

"그 소비가 일상을 행복하게 만들었다고 생각하십니까?"

실험에 참여한 학생들 중 물건을 산 소비를 떠올린 학생들보다 경험적 소비를 떠올린 학생들이 훨씬 행복하다고 답했습니다. 우리도 비슷하지 않나요? 그런데 소유보다 경험적 소비가 행복감을 주는 이유는 무엇 때문일까요?

많은 이유가 있겠지만, 물건은 비교의 대상이지만 경험은 향유의 대상이기 때문입니다. 내가 가지고 싶었던 물건을 샀을 때의 경험은 어느 정도 시간이 지나면 무뎌지고, 더 좋고 더 비싼 물건과 비교하면 행복도가 낮아집니다. 하지만 여행 경험이나 추억은 시간이 지날수록 점점 더 소중하게 여겨지고 그 자체로 유일하고 비교 대상이 없기 때문입니다. 차를 샀을 때의 기쁨은 친구가 더 좋은 차를 타고 왔을 때 사라지지만, 친구와 자동차 여행을 하면서 만든 추억은 그 자체로 의미 있고 떠올릴 때마다 우리를 행복하게 합니다.

나를 위한 소비보다
남을 위한 소비

행복을 키우는 소비의 두 번째 방법은 '타인을 위해 소비하라'입니다. 엉뚱한 소리로 들릴 수도 있고, 공자님 말씀처럼 들릴 수도 있지만 심리학자들은 다양한 실험을 통해 '타인을 위해 소비하면 자신을 위해 소비할 때보다 더 행복해진다'라고 주장합니다.

마이클 노턴(Michle Norton) 교수는 TED 강의 〈돈으로 행복을 사는 법〉에서 대학생들을 대상으로 한 실험을 소개합니다. 실험 참가자들은 각각 5달러 혹은 20달러와 함께 이 돈을 실험 당일 오후 5시 전까지 자기 자신에게 쓰거나 남을 위해 쓰라는 메모를 받습니다. 참가자들은 돈을 쓰고 난 후 각자 느끼는 행복의 정도를 말했는데, 결과는 '남을 위해 돈을 쓴 사람들은 그렇지 않은 사람보다 더 큰 행복을 느꼈다'는 겁니다. 미국뿐만 아니라 우간다에서도, 학생뿐만 아니라 직장인들도 비슷한 결과를 나타냈습니다.

그렇다면 우리는 왜 타인을 위해 돈을 쓸 때 더 큰 만족을 느끼는 걸까요? 이 역시 다양한 설명이 가능하지만 2가지로 정리해 보겠습니다.

첫 번째 이유는 타인을 위한 소비는 타인과의 관계를 증진시키기 때문입니다. 타인과의 관계는 우리의 행복에 가장 큰 영향을 미치는 요소입니다. 행복에 대한 다양한 연구들은 부와 건강, 명예보다 기쁨과 고통을 함께 나눌 수 있는 다른 사람과의 건강한 관계가 행복에 가장 큰 영향을 미친다고 말합니다.

두 번째 이유는 타인을 위해 돈을 쓸 때 느끼는 정신적인 만족감 때문입니다. 남을 도왔다는 성취감, 누군가에게 도움을 주었다는 기쁨, 중요한 인물이 되었다는 존재감 등이 우리를 행복하게 합니다.

노턴 교수는 돈의 액수, 구체적인 사용방법에 상관없이 나를 위한 소비보다 타인을 위한 소비가 행복도를 높인다고 합니다. 그러니 지나치게 큰 금액을 사용해야 한다거나 엄청나게 의미 있는 일을 해야 한다는 부담감을 가지지 말고, 작은 돈이라도 내가 아닌 누군가를 위해 사용하는 것이 행복을 키우는 소비입니다.

YOLO Plan,
계획적인 사치

"결혼기념일 선물로 아내에게 샤넬백을 사줬어요."

상담 중에 이렇게 말했던 후배가 있었습니다. 자기 아내에게 결혼기념일에 무슨 선물을 할 것인지는 그 친구가 알아서 할 일이었지만 저는 이 말을 듣고 이렇게 반응했습니다.

"너 월급에 비해 좀 많이 쓴 거 아니야?"

후배는 나의 반응에 다시 이렇게 말했습니다.

"형, 저 그거 선물하려고 5년 동안 모았어요!"

이 말을 듣고 갑자기 망치로 한 대 맞은 것 같았습니다. 명품백을 선물하는 일반적인 모습과 달랐기 때문이죠. 아내에게 명품백을 선물하는 모습은 이렇게 3단계로 각인되어 있습니다.

1단계) 아내가 조른다.

2단계) 마지못해 백화점에 간다.

3단계) 카드를 긁는다.

그리고 이런 모습은 늘 아픔을 동반합니다. 카드 결제일에 문제가 생기기도 하고, 할부로 구매했을 때는 매월 결제일마다 머리가 아픕니다. 그런데 이 친구는 달랐습니다. 5년 동안 조금씩 꾸준히 모아 명품백을 사면 후유증이 없습니다. 지금 이 후배는 매년 돌아오는 결혼기념일에 선물을 하지 않는다고 합니다. 그리고 아내도 화를 내지 않습니다. 왜일까요? 아마도 5년 뒤에 또 무언가를 준비할 남편에 대한 기대가 있기 때문이겠죠.

저도 아내와 즐겁게 보낸 결혼기념일의 모습을 생각해 봤습니다. 강남에 있는 LG아트센터에서 뮤지컬 〈오페라의 유령〉을 관람하고, 나름 괜찮은 식당에서 식사하고, 비싸지 않은 간단한 선물을 했던 것 같습니다. 얼마나 들었는지는 정확히 기억나지 않지만 이날 쓴 돈을 5년 동안 모으면 적당한 명품백을 하나 살 수 있을 겁니다.

강의할 때 이런 질문을 해봅니다.

"매년 괜찮은 결혼기념일을 보내는 것과 5년마다 한 번씩 명품백을 받는 것, 어떤 것이 좋으세요?"

물론 둘 다 할 수 있으면 좋겠지만 우리는 선택해야 할 때가 많습니다. 매년 기분 좋은 결혼기념일을 보낼 것인지, 아니면 5년마다 기억에 남는 명품을 받거나 선물할 것인지….

'사치를 계획'하고, '계획적인 사치'를 해보면 어떨까요?

'사치(奢侈)'란 필요 이상으로 돈이나 물건을 소비하는 것, 자신의 분수에 맞지 않게 돈을 사용하는 행위를 말합니다. 사람마다 필요와 분수가 다르니 사치의 기준은 사람마다 다를 수 있습니다.

여러분은 해보고 싶은 사치가 있나요? 평소에는 하기 힘들지만 보너스가 들어온다든지, 평소보다 소득이 늘어나면 하고 싶은 것이 있나요? 매월 얼마이든 그 사치를 위한 계획을 세우고, 그 사치를 위해 저축하는 적금과 펀드를 준비해 봅시다. 금액은 무리가 되지 않는 선에서 매월 1만 원도 좋고, 10만 원도 좋고, 더 큰 금액도 좋습니다. 하나만 계획할 필요도 없고, 여러 가지 사치를 계획해도 좋습니다. 그리고 이 적금이 만기가 되어 찾아서 쓸 때는 여행이든 캠핑용품이든 취미활동이든 아무런 부담감이나 죄책감 없이 마음껏 써보는 거죠.

계획적인 소비는 〈마시멜로 이야기〉에 나오는 만족지연의 성인 버전입니다. YOLO와 Plan이라는 모순이 가져다주는 즐거움은 생각보다 큽니다. 저축하는 과정도 즐겁고, 스스로 YOLO를 선물하는 순간도 즐겁고, 무엇보다 오늘을 산 대가로 치르는 내일의 고통이 없습니다.

사치를 위한 저축? 계획적인 사치? 그것을 무엇이라 부르든 행복한 오늘을 사는 지혜가 아닐까요? 여러분도 한번 시작해 보시기 바랍니다.

내 돈을 지켜주는
감사일기

긍정성을 키워주는 감사일기는 벌기에도 도움이 되지만 지출관리에도 큰 도움이 되는 습관입니다. 감사일기를 쓰면 긍정성이 강화되어 행복해지고 우울증이 감소합니다. 그렇게 행복감이 증대되면 감정소비를 줄일 수 있습니다.

감정소비란 소비자가 자신의 감정을 해소하거나 조절하기 위해 충동적으로 물건을 구매하는 행동을 의미합니다. 이는 스트레스·불안·우울·외로움 등 부정적인 감정을 해소하거나, 기쁨과 같은 긍정적인 감정을 증폭시키기 위해 물건을 구매하는 행위와 관련이 있습니다.

그런데 스트레스·불안·슬픔·분노 등 부정적인 감정을 해소하거나 잠시 잊기 위해 충동적으로 물건을 사거나 비싼 식사를 하거나 술을 마시면 통장 잔고가 줄어듭니다. 기분 좋은 일이 있거나 행복한 일이 있을 때 그 기분을 더 증폭시키기 위해 자신에게 선물을 주거나 다른 사람들과 기쁨과 행복을 나누기 위해 소비할 때도 지출이 늘어납니다.

이처럼 감정소비는 즉각적인 만족감을 줄 수 있지만, 종종 그 후유증으로 후회를 초래할 수도 있습니다. 특히 금전적으로 준비되지 않은 상황에서의 소비는 재정적인 부담을 키우고, 반복적으로 일어날 때는 재정상태에 심각한 영향을 미칠 수 있습니다. 보통 감정소비를 할 때는 도파민이 분비되어 즉각적인 기쁨과 만족을 느끼게 됩니다. 이런 즉각적인 만족에 익숙해지면 감정소비는 쇼핑중독을 불어올 수도 있습니다.

감정소비를 줄이기 위해서는 자기감정을 인식하고 관리하는 능력, 즉 정서적 자기조절능력을 키우는 것이 중요합니다. 감정소비가 충동적 소비로 이어지지 않도록 소비 전에 자신의 감정상태를 인식하고 충동을 억제하는 전략을 사용하는 것이 필요합니다.

이때 감사일기는 행복감을 키우고 결핍감을 감소시켜 감정소비가 발생하지 않도록 막고, 전두엽을 강화하여 감정소비를 하고 싶을 때 전두엽이 감정소비를 막는 역할을 제대로 할 수 있도록 돕습니다. 행복해지고 돈도 지키는 좋은 방법인 감사일기를 시작해 보기를 추천합니다.

돈을 잘 벌면 여유 있게 쓰면서 살 수 있다고 생각하는 사람들이 많습니다. 설문조사를 해보면 지금 소득보다 30~50% 정도만 더 벌면 여유 있는 삶을 살 수 있다고 응답하는 사람들이 많습니다. 그런데 정말 그럴까요? 소득이 조금 더 늘면 여유가 생길까요?

하지만 돈을 더 많이 벌면 이런저런 이유로 돈을 쓸 일이 더 늘어납니다. 사고 싶고 하고 싶은 욕망의 크기도 커지고 밥을 사야 할 일도 많아집니다. 그래서 현재 내가 버는 돈을 잘 관리하지 못하는 사람들은 돈을 더 벌더라도, 돈을 더 잘 불리더라도 건강한 재무구조를 만들기 어렵습니다.

저는 아주 오랫동안 '돈을 잘 쓰는 법'에 대해 공부했습니다. 돈관리에 서툰 편이라 가계부를 여러 권 사서 적어도 보고, 내용도 자세히 살펴보면서 쉽고 간단하게 돈을 관리할 수 있는 방법을 찾기 위해 많이 노력했습니다. 제가 앞에서 설명한 돈을 관리하는 3가지 시스템은 저처럼 아주 꼼꼼하고 체계적인 사람이 아니어도 일 년에 한 번 시간을 내어 만들 수 있는 시스템입니다. 돈을 관리하는 시스템과 행복한 소비에 대한 심리학적 이해를 바탕으로 후회 없이 쓰는 능력을 키우기 바랍니다.

"돈을 아껴 쓴다고 부자가 되는 것은 아니지만
돈을 잘 쓰지 않으면 결코 부자가 될 수 없다!"

쓰기 역량을 위한 셀프코칭 질문

1 돈을 쓰고 나서 가장 기쁘고 즐거웠던 순간은 언제인가요? 왜 그렇게 기쁘고 즐거웠나요?

....

2 돈을 쓰고 나서 후회하고 반성했던 일이 있나요? 그때 무슨 일이 있었나요?

....

3 소비를 할 때 개인적인 기준이나 원칙이 있나요? 그 원칙이 중요한 이유는 무엇인가요?

....

4 최근 일주일 동안 소비한 돈을 소비, 낭비, 성장, 나눔으로 구분해 보면 어떤 지출이 가장 많은가요?

....

5 내 지출 중에서 줄이고 싶은 것과 늘리고 싶은 것은 무엇인가요?

....

6 돈을 잘 관리하기 위해 활용하고 있는 도구나 방법은 무엇인가요? 어떤 도움을 받고 있나요?

....

7 행복한 소비를 위한 방법, '소유보다 경험' '타인을 위한 지출' '계획적인 사치' 중에서 가장 공감되는 방법은 무엇인가요? 어떻게 실행할 수 있을까요?

....

5장

◆

계획적으로 '지키기'

원하지 않지만 찾아오는 불청객들이 있다.
사람이, 세금이, 질병과 사고가 찾아온다.

잘 벌고, 잘 불리고, 잘 쓰면서 살아도
불청객들에 대한 대비가 없으면 큰 낭패를 보게 된다.

불청객에 대비하는 것,
가끔은 다른 무엇보다 중요할 때가 있다.

1

'지키기'에 대한
4가지 위험

　돈을 다루는 마지막 영역은 '지키기'입니다. 돈을 다룰 때는 늘 위험이 함께합니다. '벌기' 영역에는 사업상 환경변화, 경쟁, 직장의 도산 등 다양한 위험이 있고, '불리기'와 관련해서는 우리가 알고 있듯이 시장의 위험과 종목 선택의 위험이 있죠. 그리고 '쓰기'에는 충동구매나 감정소비 등 다양한 위험들이 존재합니다. 이런 위험들은 벌기, 불리기, 쓰기에서 같이 고민하고 다루었던 내용입니다.

　'지키기'에서 따로 구분하여 다루는 위험은 위험 자체를 통제하거나 회피할 수 없는 위험, 내부적 위험이 아니라 외부에서 찾아오는 위험, 그래서 통제할 수 없고 회피할 수 없어서 사전에 미리 대비해야 하는 위험을 따로 구분하여 다루려고 합니다.

4가지 위험의 특징

'동업, 시작은 달콤했으나 끝은 매우 아픈 스토리'

'연금 받아도 암·치매 걸리면 노후파산'

'생각지도 못했던 세금폭탄'

'은퇴자금 노린 가상화폐 사기'

이처럼 우리가 살다 보면 소리없이 다가오는 불청객, 원하지 않는 위험이 있습니다. 이런 위험들을 관계적 위험(Relational Risk), 신체적 위험(Life & Health Risk), 제도적 위험(Regulatory Risk), 사기적 위험(Fraud Risk)의 4가지 개념으로 구분해 살펴보려고 합니다.

우선 '지키기'의 대상이 되는 4가지 위험의 특징은 다음과 같이 정리해 볼 수 있습니다.

1) 통제할 수 없다

세금, 사람, 질병, 사기꾼은 오지 말라고 해도 찾아오고, 싫다고 해도 찾아옵니다. 이는 외부로부터 오는 통제할 수 없는 위험입니다. 개인이 통제하고 관리하고 회피할 수 없는 위험이기 때문에 사전에 플래닝을 통해 위험에 대비해야 합니다.

2) 과소평가되는 경우가 많다

미래에 발생할지 않을지 불확실성을 전제로 하고 있기 때문에 위험이 과소평가되는 경우가 많습니다. 돈을 벌 때, 투자를 할 때, 그리고 돈을 쓸 때 발생하는 문제들은 익숙하고 지금 바로 또는 가까운 미래에 현실화되기 때문에 관심이 가지만, 지키기는 미래의 불확실한 상황에 발생할 수 있는 위험을 대상으로 하기 때문에 당장 문제가 되지 않는 경우가 많습니다. 그래서 무시하기도 하고 나중에 준비하면 된다고 생각하기도 합니다.

3) 전문가의 도움이 필요하다

일반인들은 위험에 대비한 보험 플랜이나 절세 플랜을 혼자서 수립하기 어렵습니다. 전문적인 지식과 자격, 그리고 경험이 필요한 영역이라 전문가의 도움이 필요합니다. 지키기의 성공 여부는 어쩌면 좋은 전문가를 만나느냐 아니냐에 달려 있을 수도 있습니다

이처럼 통제할 수 없고, 과소평가되고, 전문가의 도움이 필요한 위험이라 많은 사람에게는 의미 없고 필요 없는 것으로 여겨질 수 있습니다. 하지만 위험이 현실이 되면 대비한 사람과 대비하지 않은 사람들은 큰 차이를 보입니다. 그래서 사전에 위험을 이해하고 준비하는 자세가 필요한 거죠.

'지키기'에서는 관계적 위험, 신체적 위험, 제도적 위험, 사기적 위험의 4가지 위험과 대비하는 방법을 생각해 보려고 합니다.

'관계적 위험'은 가족·지인·동업 등과 관련된 위험으로, 관계의 파괴도 문제지만 다양한 금전적 손실을 가져옵니다. '신체적 위험'은 내가 원하지 않지만 갑자기 찾아오는 질병이나 사고·사망과 같은 위험으

| 4가지 위험과 대응방안 |

위험의 종류	내용	손실	대비책
관계적 위험	지인과의 금전거래, 동업, 가족 간의 상속·증여 등에서 발생하는 갈등 및 분쟁	재정적인 손실, 신뢰 상실, 관계 단절, 법적 분쟁	법적 계약서 작성, 분쟁 해결절차 마련, 리스크 분산, 신중한 의사소통
신체적 위험	질병, 사고, 장애, 사망 등 생명과 건강상의 문제	의료비 증가, 소득 중단 또는 감소, 치료비 부담, 삶의 질 저하	건강보험, 상해보험 가입, 정기 건강검진, 비상금 마련
제도적 위험	법적·제도적 변화로 인한 세금, 벌금, 수수료 등 재정적 부담	세금 증가, 법적 분쟁, 규제 강화로 인한 재정적 손실	절세 전략 마련, 법률 자문, 새로운 법규에 대한 지속적인 학습
사기적 위험	투자사기, 금융사기, 전세사기 등 범죄적 행동에 의한 재정적 손실	금전적 피해, 정신적 고통, 신용, 주거 문제	금융사기 예방교육, 이중 확인절차, 안전한 금융거래, 최신 사기 수법에 대한 정보 업데이트

로, 거액의 치료비와 소득단절이라는 경제적인 손실을 가져올 수 있습니다. '제도적 위험'은 법과 제도 때문에 발생하는 위험으로, 세금이 대표적이고 공과금이나 범칙금 등이 발생할 수 있습니다. 마지막으로 전세사기, 보이스피싱, 금융사기 등 상대적으로 흔하지는 않지만 심각한 '사기적 위험'이 있습니다.

4가지 위험을 아주 자세하게 공부하는 것은 책 한 권으로 되는 일도 아니고 우리 모두가 해야 하는 일도 아닙니다. 여기에서는 나의 위험이 무엇인지 정의하고, 전문가의 도움으로 위험을 진단하고 대응전략을 수립할 때 소비자로서 알아야 할 기본적이고 핵심적인 내용들을 정리해 보려고 합니다.

2

지키기 1
관계적 위험

관계적 위험(Relational Risk)이란 지인과의 금전거래, 동업, 가족 간의 상속·증여 등에서 발생하는 갈등과 분쟁으로 인해 경제적인 손실과 관계 단절 등이 일어나는 위험을 말합니다.

돈 문제는 늘 관계 속에서 일어나고 관계에 영향을 미칩니다. 돈을 빌려 달라는 사람, 경제적으로 도와달라는 사람, 같이 사업을 하자는 사람, 자기가 하는 사업에 투자하라는 사람 등 돈과 관련해 다양한 사람들이 찾아오고, 생각하지 못했던 사건과 상황들이 나타납니다. 돈 문제와 관련해 수많은 유형과 사례들이 있지만, 여기에서는 몇 가지 대표적인 사례들을 살펴보면서 관계적 위험의 유형과 대응하는 방법을 알아보겠습니다.

프레임을 통해 보는
관계적 위험

'지인이랑 돈거래하면 돈 잃고 사람 잃는다.'

'아는 사람이랑 동업하면 결국 돈 잃고 사람 잃는다.'

이런 말들에 대해 어떻게 생각하나요? 많은 사람이 본인의 경험과 관찰한 경험에 따라 이 프레임에 동의하며, 지인과는 돈거래를 하지 않거나 동업을 하지 않습니다. 그런데 이 프레임은 늘 옳은 걸까요?

"아주 친한 친구나 후배가 급하게 돈이 필요하다고 하면 빌려주실 건가요?"

이 질문을 하면 대부분 3가지 중 하나의 답변이 돌아옵니다.

"정말 친한 친구라면 빌려줘야죠."

"저는 제가 감당할 수 있는 금액을 그냥 줄 것 같아요."

"돈 빌려주면 돈도 잃고 사람도 잃기 때문에 안 빌려줍니다."

여러분은 어떤 답변을 하실 건가요?

"돈을 빌려주지 않아 친구를 잃는 사람은 적지만 돈을 빌려줌으로써 친구를 잃을 가능성이 커진다"라는 쇼펜하우어의 말처럼 돈을 빌려주면 돈도 잃고 사람도 잃을 가능성이 높습니다. 하지만 늘 그렇지는 않습니다. 돈을 빌린 친구의 상황이 정말 긴급한 상황이었고, 그 상황을 잘 마무리한 후 돈도 갚고 고마움을 평생 표하며 사는 경우도 있습니다.

"동업을 하면 돈 잃고 사람 잃는다"는 말도 늘 그렇지는 않습니다.

세계 최고의 기업인 마이크로소프트, 애플 등 많은 기업들은 친구들과의 동업으로 시작했고 엄청난 성공을 거두었습니다.

관계적 위험에 대응하는 방법

지인들과의 금전거래나 동업 등을 할 때 위험을 줄이고 적절하게 대응할 수 있는 방법을 알아보겠습니다.

1) 관계가 아니라 용도와 상황을 고려하라

지인과의 금전거래에서 아주 중요한 포인트는 관계가 아니라 용도와 상황을 고려하라는 겁니다. 친한 친구, 오래된 인연, 거부할 수 없는 관계라는 이유로 금전거래를 결정하면 돈도 잃고 사람도 잃을 가능성이 높습니다. 그보다는 왜 돈이 필요한 상황이 되었는지, 돈을 어디에 쓸 것인지, 그 돈을 쓰면 어떤 변화가 올 것인지를 생각하고 결정해야 합니다. 그래야 사람을 잃지 않고, 돈도 지킬 가능성이 높아집니다.

'친구는 왜 사적으로 돈을 빌려야 하는 상황이 되었는지?'

'빌려주면 갚을 수 있는 상황인지?'

'나는 어느 정도 금액을 감당할 수 있는지?'

이런 생각들을 통해 빌려줄 것인지, 적은 금액을 주고 말 것인지, 어렵지만 요청을 거절할 것인지 결정해야 합니다.

2) 빌려주거나 거래를 할 때는 문서를 작성하라

"나는 돈을 빌려줄 때 차용증을 쓰는 것을 원칙으로 하고 있어. 괜찮지?"

아주 작은 금액이 아니라면 돈을 빌려줄 때 반드시 '차용증'을 작성하는 것이 좋습니다. 만약 친구나 가까운 지인이 차용증을 쓰자는 요청에 부정적인 태도를 보인다면 빌려주지 않는 것이 좋습니다.

차용증을 쓰는 이유는 돈거래하는 사람을 거를 수 있는 장치이기도 하고, 금전거래에 대한 책임감을 부여하기도 하기 때문에 빌리는 지인에게도 도움이 됩니다. 문서는 책임감도 부여하지만 수정과 폐기도 가능합니다. 돈을 갚을 의지가 있는데 사정이 여의치 않으면 날짜를 수정할 수 있습니다. 돈을 빌려준 사람이 문서를 찢어버리면서 거래를 원천적으로 없애 관계를 살리는 선택을 할 수도 있습니다. 하지만 문서 없이 이루어진 거래는 문제를 제기하기도, 수정을 요구하기도 어렵고 결국 관계의 문제로 번지게 됩니다.

차용증을 비롯한 문서 작성이 근본적인 해결책은 아니지만 위험을 줄이고 문제를 정리하고 해결하는 데 큰 도움이 될 수 있습니다.

3) 동업, 기대치를 맞추고 계약서를 작성하라

동업이나 협업, 투자 등도 관계적 위험을 동반합니다. 많은 사람이 "지인들과 동업은 절대 하면 안 돼"라고 말하죠. "가족들끼리도 가능하면 동업하지 않는 것이 좋다"라고 말하기도 합니다. 다 맞는 말입니다. 이분들의 직·간접 경험은 동업이 실패하는 경우가 많고, 실패할 때 깔

끔하게 마무리가 안 되더라는 겁니다. 그리고 동업이 성공하더라도 결국은 서로 싸우고 헤어지는 경우가 많다고 생각합니다. 그렇다면 정말 동업은 하지 말아야 할까요?

마이크로소프트, 애플, 버크셔 해서웨이 등 세계 최고의 기업들은 좋은 파트너들과의 동업이나 협업을 통해 성장했습니다. 이들을 보면 동업이나 투자는 '하는 것이 좋다' '하지 않는 것이 좋다'는 식의 평가가 아니라 '어떻게 하는 것이 좋을까?'라는 질문이 더 적절해 보입니다.

지인들 간의 동업이나 투자, 협업에서 발생하는 갈등의 원인은 기대치가 다르기 때문입니다. 그런데 기대치는 당연히 다를 수밖에 없습니다. 자신이 기여한 부분, 자신의 수고와 땀은 잘 알고 있지만 보이지 않는 곳에서 흘린 동업자나 지인의 땀과 눈물은 잘 보이지 않기 때문이죠. 기대치를 적절하게 미리 맞추는 작업을 해놓은 상태이면 그 기대치를 근거로 서로 대화할 수 있는데, 기대치를 맞추는 과정이 없을 때에는 늘 갈등이 발생합니다.

'나는 보너스를 200% 정도 받아야 하지만, 당신이 고생한 것을 아니까 150% 정도만 받아도 괜찮아'라고 생각하고 있는 파트너에게 '50% 정도만 줘도 되지만 네가 고생한 것을 충분히 인정해서 100%를 줄게'라고 하면 문제가 생깁니다. 서로 고마워하고 서로 인정하고 있지만 기대치가 다르기 때문입니다.

우리는 '계약'에 익숙하지 않습니다. 계약이란 '기대치를 맞추는 작업'입니다. 역할과 보상에 대해 현재 시점에서 가능한 기대치를 맞추고 세월이 흘러 변화가 생기면 계약을 수정하면 됩니다. '나중에 잘되면 보자'라는 말은 갈등을 예약하는 말입니다. 동업이나 협업을 하지 않는 것보다 기대치를 조정하는 과정을 통해 서로 시너지를 낼 수 있는 방법을 찾아보는 것이 훨씬 더 성공에 가까워지는 길이 아닐까요?

가족간의 돈 문제, 자식담보대출

쿠키뉴스(2024.01.08.)가 2024년 기획기사로 다룬 '자식담보대출('자식 찬스' 빚 권하는 부모)'은 가족이라는 관계가 만든 아주 슬픈 머니스토리입니다. 자식담보대출이란 부모가 필요한 돈을 자녀가 대신 대출을 받는 경우를 지칭하는 표현입니다. 언론에서 사용하기에 좀 극단적인 표현이라는 생각이 들기도 하는데, 코로나 팬데믹 이후 많은 사례가 있었던 것 같습니다.

'부모님이 목돈을 요구하면 빌려줄 수 있는가?'라는 질문에 70.7%가 그렇다고 답했고, '수중에 돈이 없는데 부모님이 대출을 해서라도 돈을 빌려 달라'고 하는 경우에도 36.4%는 줄 수 있다고 말했습니다. 그런데 부모는 이 돈을 갚을 수 있을까요? 쿠키뉴스가 설문조사한 결과에 따르면 일부라도 상환한 사례는 5%에 불과했습니다. 부모에게 돈을 빌려준 경우에는 상환부담과 파산의 공포에 시달리고, 빌려주지 않은 자녀들은 죄책감과 무너진 자존감에 힘들어합니다.

이처럼 우리가 겪는 많은 문제들은 가족들과의 금전거래, 지인들과의 금전거래에서 발생하고 있습니다. 그래서 가족들 간의 금전거래에서도 '관계가 아니라 용도와 상황을 고려하라'는 프레임이 필요합니다. 자녀가 부모의 부탁을 거절하기 힘들죠. 하지만 부모가 그 돈을 갚을 수 없다면, 그래서 자녀들에게도 신용의 문제가 생긴다면, 그래서 부모의 어려움이 온 가족의 경제적 어려움이 된다면 더 심각한 문제가 되겠죠. 그렇다면 힘들더라도 거부하는 것이 '밑 빠진 독에 물 붓기'가 아니라 실질적인 도움을 드릴 수 있는 똑똑한 자녀의 모습이겠죠.

물론 말이 쉽지, 현실에서는 쉽지 않습니다. 하지만 돈이란 놈이 그렇습니다. 잔인할 때는 무지 잔인합니다. 그 잔인함을 이기고 따뜻함으로 바꿀 수 있는 내공이 가끔 필요합니다.

돈은 가족, 다양한 소규모 공동체 속에서 다양한 사건을 만들어 냅니다. 관계적 위험에 대한 우리의 프레임은 어떤 경우에는 적절하지만, 때로는 관계와 경제적인 상황을 어렵게 만듭니다. 따라서 감정적인 대응보다 상황을 파악하고 지속가능한 관계를 중요시하는 관점에서 대응하는 지혜가 필요합니다.

3

지키기 2
신체적 위험

신체적 위험(Life & Health Risk)이란 질병, 사고, 장애, 사망 등으로 인한 생명과 건강상의 문제에서 발생하는 위험입니다. 예상하기 힘들고 갑작스럽게 원하지 않는 시기에 발생하는 이런 위험이 현실이 되면 경제적인 손실 외에도 다양한 정신적·물질적인 손실이 있겠지만, 여기에서는 경제적인 손실을 중심으로 살펴보겠습니다.

먼저 치료비가 발생합니다. 몸이 아프면 병원에 가야 되고 치료해야 되니까요. 그다음에 사고의 정도나 질병의 정도에 따라 소득단절이 발생합니다. 아주 중요한 경제적인 손실 중 하나죠. 그리고 예기치 않게 조기사망이 발생하면 소득단절 외에 가족부양이라는 경제적 손실이 더 가중될 수 있습니다.

| 신체적 위험의 구분과 대책 |

구분	내용	대책
위험	질병, 사고, 장애, 사망	의료비 + 소득단절 + 가족보장 실손보험 3대 질병 진단비보험 생명보험
경제적 손실	치료비, 소득단절	
위험 대책	보험(위험이전)	

신체적 위험에 대한 대비책으로는 대부분의 전문가들이 보험을 추천합니다. 이를 위험이전(Risk Transfer)이라고 합니다. 보험이 없다면 치료비를 내기 위해 투자자산을 정리하거나 저축을 깨야겠지요. 치료기간이 길어지면 수입이 중단되고 생활비 지출이나 교육비 지출에 문제가 생깁니다. 충분한 자산이 있다면 가능할 수도 있겠지만 저축이나 투자로 신체적 위험에 대비하는 것보다는 적절한 보험으로 준비하는 것이 효과적인 방법입니다.

보험에 대해서는 수많은 이야기들이 있지만, 여기에서는 의료비와 사망보험금에 대한 가장 핵심적인 사항을 정리하면서 보험설계사와의 상담에 필요한 지식과 지혜를 정리해 보겠습니다.

노후의료비 준비의 중요성

100세 장수시대, 고령화가 진행되면서 만성질환과 유병장수가 문제가 되고 있습니다. 2022년 우리나라 남녀 전체의 기대수명은 82.7년이고 건강수명은 65.8년으로, 이는 노후에 17년 동안 질병에 시달리면서 살아가게 된다는 의미입니다. 특히 건강수명과 기대수명의 차이가 점점 커지고 있어 누구에게나 노후의료비는 중요한 과제입니다. 구체적인 준비를 하기 전에 의료비와 관련해 3가지 중요한 현상을 살펴보면서 의료비 준비의 중요성을 알아보겠습니다.

1) 의료화(Medicalization)

의료화는 일상적인 삶의 경험이나 문제를 의학적 관점에서 해석하고, 의료적 개입의 대상으로 간주하는 사회적 현상을 의미합니다. 즉, 개인 책임이나 생활방식으로 여겨졌던 건강 문제들이 의료 개념으로 재정의되고, 의료서비스 이용이 증가하는 현상을 말합니다.

여성의 경우 생리 현상이나 출산, 갱년기 증상과 같은 자연스러운 생리적인 변화가 이제는 의료적 개입이 필요한 문제가 되어 병원에 가서 의사를 만나 진단과 상담을 하고, 약물치료를 받는 경우가 늘어나고 있죠. 스트레스·우울·불안과 같은 감정이 의료적으로 심각한 질환으로 해석되고, 노화와 관련된 자연적인 과정을 질병으로 해석하기도 합니다. 아동의 활동성이나 주의력 부족을 ADHD로 진단하여 약물치료를 받는 경우도 많습니다. 예전에는 병원에 가지 않았던 증상이었지만 이제는 병원에 갈 일이 많아지고 있는 거죠.

의료화는 질병에 대한 이해와 치료법 발전, 삶의 질 향상과 수명 연장, 예방의학의 발전 등 긍정적인 의미도 있지만, 의료서비스 이용을 증가시켜 전반적인 의료비 상승으로 이어질 수 있습니다.

2) 치료(Cure)에서 관리(Care)로 변화

고령화가 진행되면서 만성질환자들이 증가하고 있습니다. 그리고 예전에는 치료하지 못하면 사망에 이를 수 있는 질병들이 이제는 의료 기술의 발달로 관리할 수 있게 되면서 치료에 못지 않게 관리하는 기술에 관심이 점점 집중되고 있습니다. 치료가 비용이 많이 들까요, 관리가 비용이 많이 들까요? 암·고혈압·당뇨·치매 등이 대표적인 사례인데, 일반적으로 치료보다 장기적인 관리로 비용이 늘어나고 있습니다.

3) 건강보험 재정 부실화

건강보험 재정은 가입자들이 내는 보험료와 보험금 지출 규모에 따라 달라지게 됩니다. 저출생 고령화가 진행되며 보험료를 내는 사람들은 점점 줄어들고 있고, 보험금을 받는 사람들은 점점 늘어나고 있는 현실입니다. 의료비 재정이 점점 부실화되고 있는 거죠.

건강보험 재정이 부실해지면 현재 우리가 당연하게 생각하고 있는 의료비 지원이 앞으로는 불가능해질 수 있습니다. 이 흐름은 재정을 잘 관리하는 능력이나 재정운용 능력과는 별개로 인구구조의 변화에 따라 불가피하게 진행될 현상입니다. 건강보험 재정이 부실화되어 지원이 약해지고, 실손의료비 보험료가 계속 오르면 노후의료비 문제는 매우 심각한 사회문제가 될 수 있습니다.

고령화가 진행되면서 의료비 지출은 개인적으로도 큰 문제가 되겠지만 사회 전체적으로도 심각한 문제가 됩니다. 우리 사회가 전체적으로 이 문제를 함께 고민하고 풀어 나가야겠지만 현실적으로는 쉽지 않습니다. 의료비 문제에 대한 대비책을 세우는 것은 건강하고 안정된 노후를 보내기 위해 가장 핵심적인 과제가 될 것입니다.

실손보험 이해를 바탕으로 하는 보장설계

여유가 있다면 보험은 많이 가입할수록 많은 보장을 받을 수 있습니다. 하지만 보험상품이 점점 복잡해지고 다양한 보장을 받으면 보험료 부담이 점점 커집니다. 그리고 실손보험료는 시간이 가면서 점점 올라가기 때문에 가성비 높고 효과적인 보장설계가 필요합니다. 보험 포트폴리오를 구성할 때 건강보험과 실손보험이 얼마나 보장을 하고 있는지 이해하면 크게 도움이 됩니다.

그럼 전 국민이 가입하고 있는 건강보험과 실손보험으로 우리는 얼마나 보장을 받고 있는지 알아볼까요? 통계를 활용하면 암 치료비로 총 1억 원이 들었을 때 실제로 환자가 부담하는 비용은 약 5%인 500만 원 정도입니다. 진료비는 급여와 비급여로 구분되는데, 이 중 비급여가 14.6%, 급여가 85.4%(급여의 19.7%는 본인부담, 65.7%는 공단부담)입니다. 그리고 4세대 실손보험에 가입하고 있다면 진료비 중 비급여의 80%는 실손보험으로 보장이 되고, 20%는 본인부담(비급여 14.6%의 20%면 약 2.92% 정도)입니다. 급여 중 본인부담금의 90%가 실손보험으로 보장이

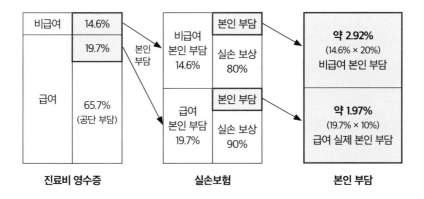

| 암 치료비로 1억 원이 들었을 때 본인부담금 |

진료비 영수증		실손보험		본인 부담
비급여	14.6%	비급여 본인 부담 14.6%	본인 부담 / 실손 보상 80%	약 2.92% (14.6% × 20%) 비급여 본인 부담
	19.7% (본인 부담)	급여 본인 부담 19.7%	본인 부담 / 실손 보상 90%	약 1.97% (19.7% × 10%) 급여 실제 본인 부담
급여	65.7% (공단 부담)			

되는데, 본인부담은 10%로 전체의 1.97% 정도입니다. 그래서 전체 본인부담금을 합치면 4.89%로, 치료비 1억 원 중 500만 원 정도를 부담하게 되는 거죠. 이를 보면 건강보험과 실손보험의 보장이 매우 훌륭하다는 것을 알 수 있고, 개인부담이 생각보다 크지 않다는 것을 알 수 있습니다.

그리고 병원비가 이 금액보다 훨씬 더 많이 나온다고 하더라도 본인부담금 중에서 급여 부분은 '본인부담상한제'라는 제도가 있어 소득에 맞추어 일정금액을 건강보험에서 부담하니 큰 걱정은 하지 않아도 됩니다. 문제는 비급여와 실손보험으로 보장되지 않는 경제적인 손실입니다. 치료기간 동안의 간병비, 소득중단으로 인한 경제적 손실 등은 건강보험과 실손보험으로 해결할 수 없는 손실입니다. 이런 비용은 결국 질병보험의 진단비 보장을 통해 준비하는 것이 필요합니다.

2023년 기준 통계청에서 발표한 우리나라 성인의 3대 사망 원인은 암, 뇌혈관질환, 심장질환입니다. 그래서 이러한 3대 질병에 대한 진단비와 치료비를 보장하는 보험은 이제 필수입니다. 발병률이 높고, 입원비와 수술비, 간병비, 소득상실 등의 비용과 손실은 실손보험만으로는 부족하기 때문에 3대 질병보험에 많이 가입하고 있습니다. 3대 질병보험을 설계할 때에는 소액의 다양한 특약보다는 진단비 위주로 준비하는 것이 좋습니다.

보장 리모델링 프로세스

우리 대부분은 보험에 가입하고 있습니다. 그런데 가입한 보험의 보장내용을 분석하고 장기적인 측면에서 제대로 보장을 설계하고 싶다면 다음과 같은 프로세스로 진단해 볼 필요가 있습니다.

먼저 현재 보험가입 내용을 진단해야 합니다. 현재 가입하고 있는 보장내용을 살펴보면 정말 다양한 특약에 크고 작은 보험료가 책정되어 있습니다. 이런 다양한 특약들을 분석해 보는 것이 필요합니다. 실손보험으로 대체가능한 특약은 무엇인지, 발생한다고 해서 큰 경제적 손실이 없는 특약, 발생확률이 아주 낮은 특약 등 효과성이 떨어지는 특약들을 분리해서 정리하면 보험료를 절약할 수 있습니다.

예를 들면 1,000만 원이 지급되는 암진단비 특약과 암수술비 특약은 보험료가 비슷합니다. 그렇다면 암진단비 1,000만 원과 암수술비 1,000만 원을 주는 특약과 암수술비 없이 암진단비 2,000만 원을 주는

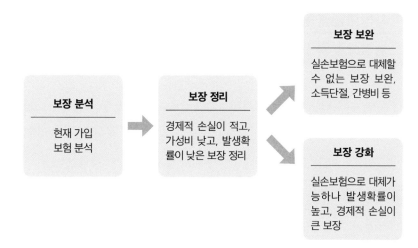

특약 중 어떤 것에 가입하는 것이 더 지혜로운 선택일까요? 암 진단은 여러 번 받을 수도 있지만 암 진단을 받는다고 다 수술을 하는 것은 아니니 진단비를 높이는 것이 좋지 않을까요?

이런 식으로 살펴보면 줄일 수 있는 보험료가 꽤 많이 있습니다. 이렇게 줄인 보험료를 실손으로 대체할 수 없고 발생확률이 높고 경제적 손실이 큰 보장을 보완하는 데 활용할 수 있고, 실손으로 대체가능하지만 발생확률이 높고 경제적인 손실이 큰 보장 항목을 강화하는 데 활용할 수 있습니다.

이처럼 보험료가 낮은 여러 특약들을 정리해 진단비 중심으로 설계하는 것이 도움이 되고, 필요하면 사망보험을 강화하는 것도 도움이 될 수 있습니다.

사망보험금을 지급하는
생명보험의 필요성

사망보험금을 지급하는 생명보험(종신보험과 정기보험, 이하 생명보험)
은 질병이나 사고가 사망했을 때 보험금을 지급하는 보험입니다. 한때
생명보험의 대표주자는 종신보험이라고 할 만큼 많은 사람들이 종신
보험에 가입했습니다. 그럼 생명보험의 필요성에 대해 간단하게 정리
해 보겠습니다.

1) 가족의 생활비, 교육비 등에 활용하기 위해서

소득이 있는 가장이나 배우자가 사망하면 남겨진 가족들의 생활비,
자녀들의 교육비 등 재정적인 문제가 발생할 수 있습니다. 이에 대비
하기 위해 생명보험을 준비할 수 있습니다. 자녀들이 독립하기 전까지
재정적인 문제가 발생하지 않도록 하는 데 목적이 있습니다.

2) 대출이나 의료비로 인한 빚이 상속되지 않기 위해서

빚이 있는 상태에서 사망하거나 질병 치료를 위해 지출한 돈이 사망
으로 인해 고스란히 남은 가족들의 부담으로 남지 않도록 사망보험금
을 준비할 수 있습니다. 아주 현실적인 필요입니다.

3) 상속을 준비하기 위해서

사망보험금은 자녀들이나 배우자에게 남겨지는 자산입니다. 피상

속인(망자)이 사랑하는 가족들을 위해 남기고 싶은 것을 사망보험금으로 남길 수 있습니다. 그리고 상속·증여세 제도를 잘 활용하면 상속세 없이 사망보험금을 남겨줄 수 있고, 부동산 자산이 많은 경우 상속세를 납부할 수 있는 현금을 마련하는 방법도 됩니다.

4) 정기보험과 종신보험

정기보험이나 종신보험은 사망시에 지급하는 생명보험입니다. 이 중 정기보험은 일정한 시기까지만 보장이 됩니다. 예를 들어 10년 보장 정기보험의 경우 가입자가 현재 50세면 10년 후인 60세까지만 보장이 되는 것이고, 종신보험은 나이에 상관없이 사망 시까지 보장이 되는

| 정기보험과 종신보험 |

비교	정기보험	종신보험
보험금 지급	사망 또는 80% 이상 장해 시	사망 또는 80% 이상 장해 시
보험기간	정한 시기까지만 (10년, 20년, 30년, 60세, 70세, 80세)	종신(사망 시까지)
보험료	종신보험 대비 10~30% (기간에 따라 차이)	상대적으로 고가
가입 목적	조기사망 위험	조기사망 위험 + 상속(세)
단점	보장기간	비싼 보험료
보험료(월) (예시)	1억 보장 10년 납 10년 보장 30세 5,200원 40세 10,100원 50세 25,200원	1억 보장 10년 납 종신 보장 30세 344,000원 40세 426,000원 50세 531,000원

겁니다.

보험기간이 달라지는 이유는 목적이 다르기 때문입니다. 만약 조기 사망에 대한 위험이 크고, 자녀들이 성장할 때까지만 보장이 필요하다면 정기보험을 선택하면 됩니다. 하지만 조기사망 위험도 있지만 언제 사망하더라도 배우자나 자녀에게 상속을 하고 싶거나 상속세를 낼 현금이 필요할 만큼 자산이 있을 때는 종신보험을 가입하면 됩니다. 문제는 보험료인데, 보장기간이 5년, 10년, 20년, 종신이냐에 따라 보험료 차이가 많이 나기 때문에 나의 소득과 지출구조에 맞는 선택을 해야 합니다.

보험상품을 이해하고 효과적인 보장을 설계하는 것은 참 어려운 영역입니다. 의료기술은 계속 발전하고 있고, 보험상품은 점점 다양해지고, 보장내용은 구체적으로 나누어지고 있습니다. 그래서 다양한 필요에 따라 보험에 가입하다 보면 보험 개수도 많아지고 보험료도 점점 증가하게 됩니다.

실손보험, 3대 질병보험, 생명보험을 잘 활용하여 본인에게 맞는 설계를 하기 바라고, 여기에서 제안하는 설계원칙을 가지고 좋은 전문가와 상담을 통해 적절한 보험 포트폴리오를 구성하기 바랍니다.

4

지키기 3
제도적 위험

제도적 위험(Regulatory Risk)이란 법과 제도에 따른 경제적인 손실 가능성을 말합니다. 대표적인 것이 세금이죠. 돈의 흐름에는 세금이 항상 함께하기 마련입니다. 회사가 직원에게 급여를 지급하면 근로소득세가 발생하고, 퇴직금에는 퇴직소득세가 발생합니다. 살아 있을 때 가족에게 재산을 주면 증여세가 발생하고, 부모가 사망해서 자녀가 재산을 상속받으면 상속세가 발생합니다.

"세금을 많이 내고 싶은가요? 세금을 적게 내고 싶은가요?"

이런 질문을 하면 처음에는 "적게 내고 싶어요"라고 말하지만 조금 더 시간을 주면 "많이 내는 게 좋겠는데요"라고들 말합니다. 벌기, 쓰기, 불리기를 잘하면 잘할수록 세금을 많이 내야 합니다. 이 책을 읽는 독자분들은 모두 세금을 많이 내시면 좋겠습니다.

그런데 세금이 적을 때는 문제가 없지만 세금이 많아지면 제대로 준비를 하느냐 아니냐에 따라 큰 차이가 납니다. 이번 장에서는 세금 전반적인 내용이나 지식을 전달하려고 하는 것이 아니라 왜 세금에 대한 이해가 필요한지, 어떤 준비를 해야 하는지 감을 잡을 수 있도록 몇 가지 사례를 나누려고 합니다. 다음 사례에서 맞는 답을 찾아볼까요?

친엄마는 자녀들이 어릴 때 돌아가셨고 아버지는 일찍 재혼하셨습니다. 재혼 후 새어머니는 배다른 동생을 낳았고, 가족들은 서로를 배려하며 잘 지냈습니다. 이후 아버지가 일찍 돌아가셨고, 얼마 전에 새어머니가 돌아가셨습니다.

1. 사업을 하던 아버지가 자산보다 많은 빚을 남기고 세상을 떠났습니다. 가족들은 아버지가 남긴 빚을 갚아야 할까요?

2. 빚을 남기고 가신 아버지가 종신보험에 가입하고 있었습니다. 아버지의 사망보험금은 어떻게 되는 걸까요?

3. 아버지가 돌아가신 후 한참 있다가 새어머니가 돌아가셨습니다. 새어머니와 혈연관계가 없는 자녀들은 새어머니가 남긴 재산을 상속받을 수 있을까요?

1) 사업 실패로 큰 빚을 남기고 가신 아버지, 이때 우리는 어떻게 해야 할까요? 영화나 드라마에 보면 이런 사연이 많이 나오잖아요. 이럴 때 우리는 상속포기나 한정승인이라는 걸 할 수 있습니다. 상속포기란

'나는 상속을 안 받겠다'는 것이고, '아버지가 남긴 자산이 부채보다 많을 때 상속을 받겠다'는 것이 한정승인입니다. 여기까지는 많은 분들이 아시는 것 같습니다.

2) 상속포기를 했는데, 나중에 아버지가 가입한 10억 원짜리 종신보험을 알게 되었습니다. 상속포기를 했으니 이 보험금도 포기해야 하는 걸까요? 많은 분들이 '상속을 포기했으니 못 받는 것 아닐까?'라고 생각하는데, 상속포기를 했더라도 보험금은 받을 수 있습니다. 왜냐하면 보험금은 아버지의 사망과 동시에 상속인(가족)의 재산으로 귀속되기 때문에 상속포기의 대상이 아닙니다. 그래서 보험금은 받을 수 있는 거죠. 이처럼 빚이 많은 사람이라도 배우자나 자녀에게 상속을 남겨주고 싶다면 종신보험을 이용하는 것이 좋은 방법입니다.

3) 새어머니가 남기신 상속자산은 배다른 자녀들이 상속받을 수 있을까요? 이 질문에 많은 사람이 '상속받을 수 있지 않나요?'라고 생각합니다. 그런데 안타깝지만 상속을 받을 수 없습니다. 당연히 법적으로 가족이고 오랫동안 함께 살았지만 상속은 혈연으로 이루어집니다. 물론 새어머니가 자신이 낳은 자녀만 상속받기를 원한 것은 아닙니다. 그래서 안타까운 현실이죠. 이때 배다른 자녀들이 상속을 받기 위해서는 '입양'이라는 절차를 밟아야 합니다. 아주 간단한 절차만 밟으면 되는데, 그것을 모르고 있었다면 전혀 원하지 않은 이런 결과가 나타납니다. 만약 새어머니가 아셨다면 입양을 하셨겠죠.

이 사연은 지인에게서 들었는데, 그때 형제들은 아주 당황했다고 하더군요. 함께해 온 세월이 무너지는 느낌이었다고. 물론 이 형제들은 사이가 좋아서 큰 갈등 없이 잘 해결되었지만 가슴 아픈 일들이 발생할 수도 있는 상황이었습니다.

이런 사례들을 살펴보면 우리가 상식적으로 당연하다고 생각하는 내용과 실제 법과 제도는 다른 경우가 많습니다. 그래서 우리는 세금과 관련된 기본적인 내용들을 이해할 필요가 있습니다. 물론 소득세, 금융소득종합과세, 상속·증여세 등의 법과 세제까지 공부할 필요는 없습니다. 여기서는 상담에서 자주 접하게 되는 몇 가지 포인트를 정리해 보겠습니다.

금융소득종합과세의 이해와 절세상품 활용

금융소득종합과세는 이자·배당 등의 금융소득이 2,000만 원이 넘는 경우 2,000만 원까지는 분리과세하고, 2,000만 원 초과분에 대해서는 다른 소득과 합산하여 소득세율을 적용하는 제도입니다. 소득세는 누진세율을 적용하는데, 최고세율이 45%이니 금융소득의 절반 정도를 세금으로 내야 하는 상황이 발생합니다. 하지만 자세하게 살펴보면 금융소득종합과세는 지나치게 강조되는 측면이 있고, 세금이 과장되는 측면이 있습니다. 우선 한 해 동안 이자·배당 소득이 2,000만 원이 넘는 대상자가 많지 않고, 또 세금이 늘어나는 경우도 그리 많지 않습니다.

만약 여러분이 금융소득종합과세 대상이 되는 자산가라면 세무전문가나 세금을 잘 아는 머니코치에게 상담받기를 권합니다. 여기에서는 일반적인 3가지 포인트만 짚고 넘어가겠습니다.

첫째, 금융소득종합과세는 금융소득과 종합소득이 모두 높을 때 문제가 됩니다.

둘째, 그럼에도 불구하고 세제혜택이 있는 금융상품을 적극적으로 활용하는 것이 좋습니다.

셋째, 연금 포트폴리오를 구성할 때도 세제혜택을 활용해야 합니다.

1) 금융소득종합과세는 금융소득과 종합소득이 모두 높을 때 문제가 된다

금융소득이 2,000만 원이 안 되면 종합과세 대상이 아니니 어차피 문제가 안 됩니다. 그리고 금융소득이 높고 다른 소득이 없거나 아주 작을 때도 큰 문제가 되지 않습니다. 이에 대해 원천징수로 끝나는 경우와 금융소득종합과세가 적용되는 경우를 구분해 비교해 보겠습니다.

다른 소득은 거의 없는데 금융소득이 7,000만 원이라면 원천징수(14% 세율 적용)하는 세금은 980만 원이고, 종합과세를 하면 958만 원입니다. 이처럼 금융소득만 많은 경우는 종합과세를 적용해도 세금이 더 적은 경우가 많으니 문제가 되지 않습니다. 금융소득이 4,000만 원이고 종합소득이 3,000만 원일 때도 세금 차이(원천징수하는 세금과 종합소득세 902만 원 vs 금융소득종합과세 904만 원)는 거의 없습니다. 그래서 종합소득이 없거나 작을 때는 금융소득종합과세에 대해 신경 쓸 필요가 없습니다.

문제는 둘 다 높을 때입니다. 금융소득이 4,000만 원이고 종합소득이 1억 원인 경우를 살펴보면 세금 차이(원천징수로 끝나는 경우 2,614만 원, 종합과세 2,976만 원)가 362만 원이나 납니다. 이 돈을 세금으로 내야 하니 즐거운 일은 아니죠.

금융소득이 2,000만 원을 넘어간다는 이야기는 금리가 낮을 때는 10억 원 이상의 자산이 있어야 하고, 금리가 높을 때도 이자나 배당을 받는 금융자산이 5억 원이 넘어야 하니 많은 사람이 대상이 되지는 않을 겁니다. 언론에서 금융소득종합과세에 대해 많이 이야기하고 있지만, 아직은 일부의 이야기이고 정확하게 알면 큰 문제가 아닐 수도 있다는 정도만 기억하면 됩니다.

2) 세제혜택이 있는 금융상품을 활용하라

세제혜택이 있는 금융상품이 많이 있습니다. 비과세 금융상품도 있고, 분리과세 금융상품도 있습니다. 특히 세액공제를 해주는 상품들은 금융소득종합과세와 상관없는 사람들도 활용하는 것이 좋습니다. 이때 연금저축과 IRP, ISA 계좌를 잘 활용하면 절세에 도움이 됩니다. 연금저축과 IRP, ISA는 내용이 방대하니, 여기에서는 핵심만 살펴보겠습니다.

ISA는 목돈마련을 위한 저축으로, 핵심은 비과세이고, 의무가입기간 3~5년이라는 점입니다. 따라서 중기자금을 비과세로 운영하기에

| 절세계좌 3종 비교 |

항목	중개형ISA	연금저축계좌	IRP계좌
목적	목돈 마련	노후자금 마련	노후자금 마련
가입 요건	19세 이상 누구나 (15~19세 소득 있으면 가능) *금융소득종합과세자 가입 불가	제한 없음 *연금 수령 요건 : 만 55세 이후 수령 가능	근로소득자, 자영업자, 프리랜서 등 소득이 있는 근로자 누구나
가입 기관	은행, 증권사, 보험사 (ISA 유형별로 가입기관 다름)	은행, 증권사, 보험사	
의무 가입 기간	3년 (최대 5년)	5년 이상 (연금 수령 최소기간 10년)	
납입 한도	연 2,000만 원, 최대 1억원 (5년 납입기준, 납입한도 이월 가능)	연금저축 + IRP 합산 연 1,800만 원	
중도 인출	세액공제 받지 않은 금액(원금)은 자유롭게 인출 가능		불가 *법적 예외조건 충족시에만 가능
투자 가능 상품	국내주식, ETF/ETN, 펀드, ELS/DLS, 채권, 리츠, RP 등 *해외주식 투자 불가	펀드, ETF, 리츠 *레버리지, 인버스 ETF 투자 불가	1) 원리금 보장상품 : 예금, RP, ELB, 국고채 등 2) 원리금 비보장상품 : 펀드, ETF, 리츠, ELS, 회사채 등 *레버리지, 인버스 ETF 투자 불가
투자 제한	제한 없음	제한 없음 (위험자산 100% 투자 가능)	위험자산 비중 70% 제한

(출처 : 삼성자산운용)

최고의 상품입니다. 연금저축과 IRP의 경우는 장기적인 상품이라 중도에 활용할 자금 운용에는 적합하지 않습니다.

연금저축의 핵심은 가입제한이 없고, 세액공제를 받을 수 있다는 점입니다. 소득이 있건 없건 누구나 가입할 수 있기 때문에 어린 자녀들을 가입시켜 증여용으로 활용하면 금융교육과 증여세 절감이라는 두 마리 토끼를 잡을 수 있습니다.

IRP의 핵심은 세액공제, 인출불가, 위험자산비중 70%입니다. 연간 900만 원까지 세액공제를 받을 수 있고, 중도에 인출이 어려워 장기저축에 적합하고, 위험자산비중이 70% 이하여서 안정적인 투자성향을 가진 분들에게는 연금저축보다 더 적합할 수 있습니다.

3) 연금 포트폴리오를 구성할 때도 세제혜택을 고려하라

통상적으로 활용할 수 있는 연금상품은 국민연금을 대표로 하는 공적연금, 재직 시에 퇴직금을 적립하는 퇴직연금, 개인적으로 준비하는 세제적격 연금저축과 비과세가 가능한 연금보험이 있습니다. 국민연금은 종합소득세 대상이 되고, 퇴직연금과 연금저축은 합산 1,500만 원이 넘으면 분리과세나 종합과세를 선택하고, 비과세 연금보험은 10년 이상 일정금액 한도 내(월납 150만 원, 일시납 1억 원)이거나 종신연금형이면 세금이 없습니다.

그렇다면 세금 관점에서 국민연금은 조기연금으로 빨리 수령하는 것이 좋을까요, 연기연금으로 많이 수령하는 것이 좋을까요? 또 매년 세액공제받는 최고납입금액인 900만원을 연금저축과 IRP에 투자하는 것이 좋을까요, 세액공제를 받는 연금저축과 비과세 변액연금을 절반씩 준비하는 것이 좋을까요?

이에 대한 답은 그때그때 다릅니다. 분명한 것은 세액공제나 비과세라는 프레임에서 모든 것을 결정하면 생각과 다른 결과가 나타날 수 있다는 점입니다. 국민연금을 언제부터 수령하느냐, 퇴직연금과 연금저축을 어떻게 수령하느냐에 따라 인출금액이 달라질 수 있고 세금도 달라집니다. 따라서 납입할 때부터 자신의 상황에 따라 세액공제와 인출시 수익과 세금 문제를 고려하여 포트폴리오를 구성하는 것이 좋습니다.

일반적으로 세액공제를 받을 수 있는 한도(연금저축 600만 원, IRP 900만 원)를 먼저 납입하고, 추가로 저축이 가능할 때는 비과세 연금을 준비하는 순서가 적절합니다. 인출할 때는 연금저축계좌(연금저축, IRP)를 먼저 인출하고 국민연금을 최대한 늦추고 비과세 연금보험(금리형 상품보다는 변액연금을 추천합니다)을 최대한 수익을 높여 늦게 수령하는 것이 좋은 방법이 될 수 있습니다. 구체적인 방안은 전문가와의 상담을 통해 적절하게 마련하기 바랍니다.

증여를 통한 절세와
자녀 금융교육

'상속세 과세대상 2만 명 육박, 3년 반 만에 2배 늘었다'

2023년 6월 한 일간지의 헤드라인입니다. 상속세를 납부해야 하는 인구가 늘어나고 있습니다. 2023년 1만 9,944명이라는 숫자를 들으면 많은 숫자가 아닌 것처럼 여겨지지만 2023년에 사망한 사람이 35만 명 정도이니 사망자의 5.7%, 20명 중에 한 명 이상으로 적은 수가 아닙니다. 부동산 가격 상승으로 집 한 채만 있어도 상속세를 내야 하는 상황이 된 거죠.

머지 않은 시기에 상속세공제나 과세표준에 변화가 예상되기도 하고 상속세 절세전략을 짜는 것은 이 책의 목적과 맞지 않습니다. 하지만 누구나 상속세 대상이 될 수 있으니 미리미리 증여를 해줌으로써 세금을 아낄 수 있을 뿐 아니라 증여를 할 때 투자상품을 활용하면 증여효과와 함께 금융교육 효과도 있다는 점을 알려드리고 싶습니다.

상속·증여세와 관련해 이야기를 하면 '돈도 없는데 내가 무슨 상속세를?'이라고 생각하는 분들이 많습니다. '지금 가진 자산이 10억도 안 되는데 상속세까지 고려할 필요가 있느냐?'라고 생각하는 것도 당연합니다. 하지만 우리가 이 책을 읽으며 결심한 대로 행복하게 벌고, 후회 없이 쓰고, 게으르게 불리면 자산은 계속 불어나게 됩니다.

현재 내 자산이 1억 원이라면 언제쯤 나는 상속세 과세대상이 될까요? 수익률에 따라 다르겠지만 장기적으로 내 자산이 늘어난다면 누구나 상속세 과세대상이 될 수 있습니다. 현재 자산이 자산수익률로만 늘어나는 것이 아니라 저축과 투자를 통해 더 크게 늘어나겠죠. 그래서 지금은 아니지만 언젠가 나도 상속세 과세대상이 될 수 있다는 생각을 하는 게 좋습니다. 당연히 그렇게 되어야 하고요.

현재 자산	수익률	10년	20년	30년	40년	50년
100,000,000	5%	162,889,463	265,329,771	432,194,238	703,998,871	1,146,739,979
100,000,000	10%	259,374,246	672,749,995	1,744,940,227	4,525,925,557	11,739,085,288

미혼이나 젊은 층이라면 '내가 미리 증여를 받는다면'이라는 생각을 하면 되고, 어린 자녀가 있는 분들은 '자녀에게 증여를 한다면'이라는 생각을 하면서 다음 표를 볼까요?

| 비과세 증여금액이 증가하면 |

현재 자산	수익률	10년	20년	30년	40년	50년
20,000,000	10%	51,874,849	134,549,999	348,988,045	905,185,111	2,347,817,058
50,000,000	10%	129,687,123	336,374,997	872,470,113	2,262,962,778	5,869,542,644

자녀에게 증여를 할 때는 비과세 한도에 따라 미성년에게는 2,000만 원, 성년에게는 5,000만 원까지 세금없이 가능합니다. 10년이 지나면 또 이 금액만큼 비과세로 증여할 수 있습니다. 이 돈을 자녀들에게 증여하고 'S&P500지수에 투자해서 좋은 성과를 얻는다면'이라는 가정 하에 연 수익률 10%를 예상해 보면 이 돈은 10년, 20년이 흘러갈수록 크게 늘어납니다. 이처럼 초기에는 적은 돈이지만 계속 불어나면 20억, 50억이 넘는 돈이 될 수 있습니다. 비과세 한도만큼 증여해서 오랫동안 투자를 한다면 이 돈에 대한 증여세는 없습니다. 그런데 만약 이

돈을 세월이 흐른 뒤에 상속해 준다면 50% 가까이 세금으로 내야 합니다.

만약 자녀가 태어나자마자 2,000만 원, 10년이 흐른 후 11살이 되었을 때 2,000만 원, 그리고 10년이 흘러 21살 성년이 되었을 때 5,000만 원, 그리고 또 10년이 흐른 후 31살에 5,000만 원을 증여했을 때 그 돈이 계속 잘 불어난다면 꽤 큰돈으로 불어난다는 것을 알 수 있습니다.

| 비과세 증여한도만큼 10년마다 증여하면 |

현재 자산	수익률	10년(11세)	20년(21세)	30년(31세)	40년(41세)	50년(51세)
20,000,000	10%	51,874,849	134,549,999	348,988,045	905,185,111	2,347,817,058
20,000,000	10%		51,874,849	134,549,999	348,988,045	905,185,111
50,000,000	10%			129,687,123	336,374,997	872,470,113
50,000,000	10%				129,687,123	336,374,997
합계	-	51,874,849	186,424,848	613,225,167	1,720,235,277	4,461,847,280

그런데 이 돈이 이렇게 불어나려면 안전성 저축이나 예금이 아니라 투자상품을 활용해야 합니다. 1등 기업 주식을 계속 사줘도 되고 연금저축펀드를 활용해도 됩니다. 아이들과 함께 증여한 돈이 어떻게 운용되고 불어나고 있는지를 같이 보면서 투자에 대해 이야기를 나눌 수 있다면 무엇보다 좋은 금융교육이 될 수 있습니다.

하나 덧붙이자면 꼭 이렇게 목돈을 증여하지 않더라도 매월 일정 금액을 연금저축펀드를 활용해 증여하는 것도 좋은 방법입니다. 아이들

명의로 연금저축펀드 계좌를 개설해 주고, 매월 일정한 금액을 넣어가면서 저축과 투자에 대해 이야기하면 살아 있는 금융교육이 될 것이고, 아이들은 돈에 똑똑한 아이로 자랄 수 있습니다.

참고로 아이들 명의로 투자된 연금저축펀드에 들어 있는 원금은 세액공제를 받지 않았기 때문에 언제든 원금을 찾을 수 있으니 아이들의 독립자금으로 활용할 수도 있습니다.

이처럼 제도적 위험은 너무 다양하고 복잡해 저도 늘 공부하고 물어보는 분야입니다. 다만 여기에서 나누었던 내용들은 상담 과정에서 자주 나오는 내용들로, 누구나 한 번쯤은 생각해 볼 내용입니다. 이 내용들을 통해 나의 상황을 잘 들여다보고, 필요하면 전문가와 상담을 통해 미리 준비하기 바랍니다.

5

지키기 4
사기적 위험

'이렇게 정교할 수가! 경찰관도 눈 뜨고 당한 리딩방 사기수법'

'노후자금 수백억 날렸다 … 은퇴자 울린 나쁜 기획부동산'

'아트테크 갤러리K 대표 해외 도피 … 1,000억대 피해'

'전세사기 피해 2만 명 돌파 … 비아파트 거래량 감소세 지속'

사기적 위험(Fraud Risk)이란 투자사기·디지털사기 등 의도적인 범죄의 대상이 될 수 있는 위험을 말합니다. 많은 사람이 피눈물을 흘리게 하는 리딩방 사기, 평생을 모은 노후자금을 잃어버린 노인들의 기획부동산 사기 등 돈을 잃은 사람들의 힘든 사연들이 끊이지 않고 뉴스에 나옵니다. 오랫동안 열심히 일하고 모아서 번 돈을 일시에 날려버린 사람들의 이야기는 우리를 분노케 하고 안타까운 마음을 가지게 합니다.

사람들의 절박함을 이용하고 욕심을 건드리고 정교한 장치들을 활용해 피해를 만드는 사기 유형을 보면 크게 금융·투자 사기와 디지털 금융사기의 2가지로 구분해 볼 수 있습니다. 이런 사기 유형들에 대한 이해와 사기를 당한 분들의 사례를 살펴보는 것이 피해를 예방하는 데 가장 큰 도움이 됩니다. 안타까운 사연들이지만 함께 살펴보겠습니다.

금융·투자 사기

금융·투자 사기는 주식·신기술·부동산·암호화폐 등 다양한 투자 영역에서 발생하는 사기입니다. 금융·투자 사기 중에는 사기라고 말하기 어려운 사고들도 있고, 아예 사기를 치려고 덫을 놓아 범죄의 희생양이 되는 경우도 있습니다.

만약 위험성이 있다는 사실을 제대로 알리지 않고 금융상품을 팔았다면 사기일까요, 투자자의 투자 실패일까요? 애매할 때가 많지만 가장 숫자도 많고 피해도 큰 경우가 대부분 이런 경우입니다.

부산저축은행 고금리상품 판매, 동양그룹 회사채와 기업어음 발행, 저축은행 후순위채권 판매, 홍콩 ELS 판매, 라임펀드 사태 등 금융기관들이 연결된 사고, 부실한 내부통제와 경영진의 부도덕성과 금융감독 당국의 부실한 관리감독이 만들어 낸 사고들은 많은 피해자들을 양산하고, 그 금액도 엄청나게 큽니다.

이런 금융사고나 사기들은 반복되어 나타나는 특징이 있습니다. 이에 대비하기 위해서는 평소 금융에 대한 공부와 투자에 대한 건강한 인식과 태도가 필요합니다. 단순하게는 '위험과 수익은 비례한다'라는 점을 기억하면 좋겠습니다. '수익도 높고 안전하기도 한 투자는 없다'라는 사실을 명심해야 합니다. 물론 수익이 높다고 해서 모두 나쁜 금융상품이고 모두 사기는 아닙니다. 하지만 그렇게 좋은 조건의 금융상품이 나에게까지 오게 된 이유는 무엇일까 생각해 보고, 내 속에 있는 욕심이 그것을 선택하도록 두지 않으면 좋겠습니다.

디지털 금융사기

너무나 치밀해서 아무리 조심했더라도 피하기 어려운 사기들도 있고, '내가 어쩌다가 멍청하게 그런 짓을 했을까?'라고 한탄하게 되는 사기들도 있습니다. 사기를 치는 나쁜 인간들은 기술 발전을 최대한 활용하고, 인간의 심리를 연구해 어떻게 하면 보통사람들이 사기의 덫에 걸려들게 할지 열심히 방법을 찾아냅니다. 당하는 우리들은 그런 노력이 없으니 언론에는 늘 당한 사람들의 스토리가 계속됩니다.

IT기술의 발달과 함께 사기 수법도 점점 진화하고 있습니다. 딥페이크 기술을 이용해 아무 상관 없는 연예인이 투자하거나 홍보하는 것처럼 보이는 영상을 만들어 활용하기도 합니다. 최근에는 얼굴이 아니라 음성을 합성한 범죄 사례가 있었습니다.

회사 여직원에게 사장님이 전화를 해 거래처에 송금하라고 계좌번호를 알려 줍니다. 직원은 이상하긴 했지만 다급하게 빨리 보내주라고 하니 송금을 했죠. 잠시 후 사장님이 사무실에 들어오자 여직원은 바로 송금했다고 이야기했는데, 사장님은 "무슨 송금"이냐고 묻습니다. 사장님이 전화한 것이 아니라 음성을 합성한 전화 사기였던 것이죠. 여직원의 입장에서는 사장님의 목소리가 조금 이상하다고 "당신 사장님 맞아요?"라는 말을 하기는 힘들었겠죠.

앞으로 이런 식의 디지털 기술을 활용한 사기는 점점 늘어날 것입니다. 대비를 하는 특별한 방법은 없지만 이런 사례를 살펴보는 것만으로도 좀 더 조심해야겠다는 마음을 가질 수 있을 것 같습니다.

| 전자금융 피해 예방 10대 수칙 |

1	신뢰할 수 없는 웹사이트는 방문하지 않습니다.
2	출처가 불분명한 이메일이나 게시판 글은 열람하지 않습니다.
3	전자금융거래는 본인이 지정한 PC, 스마트폰에서 이용합니다.
4	PC(컴퓨터), 스마트폰에 항상 최신 백신 프로그램을 설치합니다.
5	공동인증서는 PC(컴퓨터)에 저장하지 않습니다.
6	비밀번호는 타인이 쉽게 추측할 수 없도록 설정하고, 주기적으로 변경합니다.
7	전자금융거래 정보(보안카드, 비밀번호 등)를 안전하게 관리합니다.
8	금융회사가 제공하는 보안서비스를 적극적으로 이용합니다.
9	보안 설정이 없는 무선랜(Wi-Fi)보다 5G, LTE 등을 이용하여 거래합니다.
10	이상 금융거래 의심 시 즉시 금융회사 또는 관계당국에 신고합니다.

(출처 : 우리은행)

재정적 위험에 대비하는 WISE 전략

우리는 살아가면서 다양한 형태의 재정적 위험에 직면합니다. 재정적 실패, 잘못된 투자, 예상치 못한 사고와 질병, 그리고 법적 변화는 누구에게나 발생할 수 있는 위험입니다. 이러한 위험에 대비하는 것은 단순히 재정적 준비가 아니라, 삶을 안정적으로 유지하는 데 필수적인 요소입니다. 여기에서는 관계적 위험, 신체적 위험, 제도적 위험, 사기적 위험에 대응하기 위한 구체적인 접근법으로 WISE 전략을 소개하려 합니다. WISE란 Wary, Informed, Situational, Evaluation의 앞글자를 딴 것으로, 4가지 주요 재정적 위험에 대응하는 태도를 설명합니다.

1) W(Wary) : 위험에 대한 경계 - 사기적 위험

Wary는 사기적 위험에 대한 경계를 의미합니다. '그 좋은 것이 왜 나에게까지 왔을까?'라는 질문을 던져보는 태도입니다. 현대 사회에서 금융사기·보이스피싱·투자사기 등 사기적 위험은 계속 늘어나고 있으며, 이러한 위험에 빠지지 않기 위해서는 소비자 스스로 경계하는 마음가짐이 필수입니다. 인간의 탐욕과 무책임에 대한 경계는 성공적인 자산관리의 시작입니다. 따라서 지나친 이익을 기대하거나, 불투명한 투자 기회에 무작정 뛰어드는 것은 매우 위험합니다. 이때 정보에 민감한 태도는 불확실한 환경에서 적절하게 대응할 수 있는 능력을 키워주는 중요한 요소입니다.

2) I(Informed) : 위험에 대한 정보 학습 - 제도적 위험

Informed는 법과 제도에 대한 충분한 정보를 바탕으로 재정적 결정을 내리는 것을 뜻합니다. 세법, 상속·증여와 관련된 규정은 지속적으로 변화하며, 이러한 변화에 민감하게 반응하는 것이 중요합니다. 특히 상속세와 증여세에 대한 플랜을 미리 세워두고 절세상품을 활용하는 것은 장기적인 자산관리에 큰 도움이 됩니다.

여기서 중요한 것은 단순히 정보를 아는 것을 넘어 통찰력을 기르는 것이 필요합니다. 법적 변화가 재산에 미칠 영향을 예측하고, 그에 따라 재정계획을 수정하는 모습은 제도적 위험에 대비하는 가장 효과적인 방법입니다.

3) S(Situational) : 관계보다 상황 중심의 대응 - 관계적 위험

관계적 위험은 지인 간의 돈거래, 사적 대출, 동업 등에서 발생할 수 있는 재정적 위험을 말합니다. 이러한 위험에 대응하는 첫 번째 단계는 상황을 정확하게 파악하는 것입니다. Situational은 관계보다는 상황에 집중하는 태도를 의미합니다. 감정이나 인간관계에 의해 경제적 결정을 내리는 것은 위험할 수 있으며, 항상 객관적인 시각을 유지해야 합니다.

상황을 고려해야 하는 이유는 관계적 위험에서 단기적인 이익보다 장기적인 지속가능성이 중요하기 때문입니다. 상속 및 증여와 관련된 플랜을 세울 때도 마찬가지로 가족 간의 관계뿐만 아니라 재정적 상황을 고려하여 지속가능한 선택을 해야 합니다.

4) E(Evaluation) : 위험에 대한 평가와 그에 따른 플랜 - 신체적 위험

신체적 위험은 질병·사고·장애·사망과 같은 사건들이 개인과 가족에게 미치는 영향을 의미합니다. 이러한 신체적 위험에 대비하기 위해서는 Evaluation, 즉 위험에 대한 합리적인 평가가 필요합니다. 자신의 건강상태와 재정적 상황을 고려하여 적절한 보장 플랜을 세워야 합니다. 실손보험, 생명보험, 질병보험 등 다양한 상품을 비교하여 가장 적합한 보장을 받을 수 있도록 선택하는 것이 중요합니다. 또한 정기적으로 변화된 위험과 보장을 평가하고 필요에 따라 보험 플랜을 업데이트하는 것이 좋습니다.

'지키기'의 대상인 재정적 위험은 언제든 현실이 될 수 있습니다. 하지만 WISE 전략을 통해 이러한 위험에 대비하고 손실을 줄일 수 있습니다. 사기적 위험에 대해서는 경계하고, 제도적 위험에 대해서는 정보와 통찰을 바탕으로 준비하며, 관계적 위험에 대해서는 상황을 중심으로 판단하고, 신체적 위험에 대해서는 효과적인 보장을 통해 안정적인 대비책을 마련할 수 있습니다. 벌고, 불려서 키운 자산과 안정적인 삶의 지속가능성을 위해 WISE 전략을 잘 챙기기 바랍니다.

지키기 역량을 위한 셀프코칭 질문

1 내가 가장 지키고 싶은 것은 돈인가요, 사람인가요, 삶의 방식인가요?

....

2 관계적 위험, 신체적 위험, 제도적 위험, 사기적 위험의 4가지 위험 중에서 가장 걱정되는 위험은 무엇인가요?

....

3 현재 돈 문제로 어려움을 주고 있는 사람이 있나요? 친구가 그런 상황에 있다면 무엇이라고 조언할 수 있을까요?

....

4 보장성 보험은 잘 설계되어 있나요? 가입할 때 충분히 이해하고 설명을 듣고 결정했나요? 제대로 점검하고 싶은 부분이 있나요?

....

5 상속이나 증여, 보험 관련 세제 등과 관련해 도움을 받을 수 있는 전문가가 있나요? 왜 그 전문가를 생각하게 됐나요?

....

6 사기를 당한 적이 있나요? 아니면 사기를 당한 사람이 주위에 있나요? 사기를 당하지 않기 위해 지금 당장 할 수 있는 일은 무엇이 있을까요?

....

7 미래에 나에게 다가올 수 있는 위험들에 대해 점검해 본 적이 있나요? 어떤 위험들이 다가올 수 있을까요?

....

Part 3

의미 있게 나누기,
돈을 다루는
최고의 역량

인간은 함께 살아가도록 설계된 존재다.

인간은 나눔을 통해 각자의 불완전함을 완성하고,

상호의존 속에서 더욱 강력하고

지속적인 발전을 이룰 수 있었다.

인간이 가진 진정한 힘은 소유가 아니라

나눔 속에서 발현되며,

그 나눔이야말로 인간을 가장 인간답게,

그리고 고귀하게 만드는 능력이다.

1

나눔에 대한
3가지 스토리

형제에게 무료로 치킨을 대접한 사장님

코로나가 한창이던 어느 날, 그날도 손님이 거의 없어 마음이 힘들고 한숨이 저절로 나오는 날이었다. 형제로 보이는 남자아이 둘이 문을 열고 가게로 들어왔다.

"죄송하지만, 혹시 치킨 5,000원어치만 주실 수 있나요?"

박 사장은 아이들을 가게 안으로 들어와 앉게 했다. 그리고 제일 잘나가고 맛있는 치킨으로 준비해 아이들에게 주었다. 아이들은 정말 맛있게 먹었고, 계산을 하려고 했을 때 박 사장은 돈을 받는 대신 사탕을 손에 쥐어 보냈다.

그리고 며칠 뒤 동생이 다시 가게에 들렀다. 박 사장이 언제든 치킨이 먹고 싶을 때 오라고 했던 말을 듣고 형 몰래 온 것이다. 초등학생 남자아이에게 치킨이란 어떤 음식인지 잘 아는 박 사장은 치킨을 먹이고 머리가 지저분한 아이를 미용실에 데리고 갔다. 미용실 사장님도 무슨 사연인지 눈치를 채고 돈을 받지 않고 예쁘게 머리를 깎아 주었다. 그리고는 어느덧 시간이 흘렀고, 동생도 더 이상 찾아오지 않았다.

코로나가 확산되며 매장 내 식사가 금지되어 자영업자들이 힘든 상황이라는 뉴스가 흘러나왔다. 이 뉴스를 들은 형은 자기들에게 치킨을 주셨던 사장님도 힘들 것 같아 걱정이 되었고, 펜을 들어 체인점 대표님에게 편지를 썼다. 체인점 대표는 이 편지를 SNS에 공유했고, 많은 사람이 박 사장의 선행에 감동했다. 그리고 무엇보다 기쁜 소식은 많은 사람이 치킨 주문으로 사장님을 '돈쭐' 내고 있다는 소식이었다.

코로나19로 모두가 힘들어할 때 나보다 더 힘든 형제들에게 치킨을 대접한 치킨집 사장님의 이야기가 하루하루를 힘들게 버텨가던 우리에게 큰 감동을 주었습니다. 이 멋진 스토리의 주인공은 분명 치킨을 아이들에게 대접했던 사장님이겠죠. 하지만 중요한 인물은 사장님뿐만 아니라 그 편지를 쓴 형, 그리고 그 편지를 SNS에 공개해 우리에게 따뜻함을 선물했던 체인점 대표님, 그리고 마지막으로 그 사연에 감동하여 전국에서 돈쭐(돈으로 혼쭐내는 것)을 내준 멋진 이웃들입니다.

여러분은 이런 스토리를 들으면 마음이 따뜻해지나요? 그리고 가끔 이런 스토리의 주인공이 되고 싶은 생각이 들기도 하나요? 우리는 그런 사람들인 것 같습니다. 누군가를 돕고 싶고, 그렇게 도우면 행복해지는 그런 마음을 가진 사람!

얼굴 없는 기부 천사들

2000년부터 연말마다 이웃을 위한 성금을 놓고 사라진 전북 전주시의 '얼굴 없는 천사'가 올해도 다녀갔다. 그의 선행은 올해로 25년째, 기부 횟수로는 26번째다.

20일 전주시에 따르면 이날 오전 9시 26분경 전북 전주시 노송동 주민센터에 한 통의 전화가 걸려왔다. 이 남성은 "(부근) 기자촌 한 식뷔페 맞은편 탑차 아래에 (성금을) 놓았으니, 불우한 이웃을 위해 써달라"는 짧은 말만 남기고 전화를 끊었다. 주민센터 직원이 가보니 A4용지 상자 안에 현금 다발과 돼지저금통, 편지가 들어 있었다. 편지에는 '소년소녀 가장 여러분, 따뜻한 한 해 보내시고 새해 복 많이 받으세요'라고 적혀 있었다. 담긴 성금은 5만 원권 묶음 8,000만 원 등을 포함해 총 8,003만 8,850원이었다. 얼굴 없는 천사가 놓고 간 누적성금은 모두 10억 4,483만 6,520원에 달한다.

이 천사는 2000년 4월 '어려운 이웃을 위해 써달라'며 58만 4,000원을 놓고 간 것을 시작으로, 매년 수백만 원에서 수천만 원씩을 기부했다. 전주시는 성금을 노송동 지역 소년소녀 가장과 홀몸노인 등 어려운 계층에 쓸 예정이다. 노송동장은 "어려운 이웃을 위해 큰 사랑과 감동을 선사한 얼굴 없는 천사에게 깊은 감사를 드린다"며 "얼굴 없는 천사의 바람대로 나눔의 선순환이 지속해서 이뤄져 더불어 행복한 사회가 되길 바란다"고 말했다.

위 기사는 2024년 12월 21일자 동아일보 기사입니다. 어떤 분인지 모르지만 참 아름다운 분이라는 생각을 하게 됩니다. 그런데 이분만이 아닙니다. '얼굴 없는 기부천사'라고 검색을 하면 제일 먼저 전북의 얼굴 없는 천사 기사가 나옵니다. 그리고 '재난 일어나면 나타나는 얼굴 없는 기부천사, 무안에도 나타났다'라는 기사가 보입니다. 그리고 조금 더 내려가면 '트럭에 라면 싣고 노란 봉투에 77만원 담아, 얼굴 없는 기부 행렬'이라는 기사가 나옵니다. 2025년 1월 9일자 연합뉴스 기사 '이름 없는 천사들… 그래도 세상은 살만하다'에서는 수많은 익명의 기부자들 이야기를 소개하고 있습니다.

2000년부터 매년 전라북도 전주시 노송동 주민센터에 기부를 하는 '전주의 얼굴 없는 천사'로 대표되는 익명의 기부가들이 자신의 삶과 생명을 나누는 모습이 이어지고 있고, 그들의 나눔으로 기적이 계속되고 있습니다.

자신의 이름이 알려지고 신상이 공개되는 것을 극도로 경계하면서 어려운 사람들을 돕는 사람들의 마음은 어떤 것일까 생각해 봅니다. 이들은 무엇 때문에 이런 선행을 지속하고 있는 걸까요? 종교적인 이유도 있고 살아오면서 갖게 된 철학도 있겠죠.

그것이 무엇이든 이들이 비춘 빛이 많은 사람들에게 따뜻함을 선물하고 있고, 그 따뜻함은 기부하는 자신들도 느끼고 있지 않을까요?

성심당 이야기

대전 시민들이 사랑하는 빵집, 성심당을 아시나요? 성심당은 2023년 매출 1,243억 원, 영업이익 315억 원을 기록하며 전년 대비 각각 51.2%, 104.5% 증가했습니다. 이는 파리바게뜨를 운영하는 파리크라상의 영업이익 199억 원, 뚜레쥬르를 운영하는 CJ푸드빌의 영업이익 214억 원을 넘어선 수치입니다. 어마어마하죠. 싸고 맛있는 빵으로 유명한 성심당이지만 그보다 멋진 스토리들이 있습니다.

먼저 성심당의 직원 복지를 살펴볼까요? 성심당은 빵집 바로 앞에 별도의 임대 건물을 구해 직원들의 휴게실로 운영하고 있습니다. 고급 안마기를 설치해 모든 직원이 쌓인 피로를 풀 수 있도록 한 이곳은 고객이나 사장의 눈치를 보지 않고 편하게 쉴 수 있는 직원들만의 공간이라고 합니다. 휴게실 안쪽에는 직원 식당이 자리 잡고 있는데, 식당 메뉴는 직원들이 원하는 음식으로 구성되고 직원들의 취향대로 음식을 선택할 수 있도록 하고 있습니다.

성심당은 2015년부터 직원들이 서로 칭찬하는 프로그램을 운영하고 있는데, 동료에게 칭찬을 많이 받은 직원을 '사랑의 챔피언'으로 지정하고 상금을 수여합니다. 칭찬을 많이 받은 직원일수록 성과급 금액이 더 올라가고 승진의 기회까지 얻을 수 있습니다.

무엇보다 최고의 복지는 급여겠죠. 하지만 기업이 직원들에게 무조건 많은 급여를 줄 수는 없습니다. 그러면 지속가능성을 잃게 되겠죠. 성심당은 각 지점의 메인 셰프에게 억대 연봉을 제공하며 업계 최고 수준의 대우를 하고 있습니다. 그리고 이익의 15%를 직원 성과급으로 지급하고 있습니다. 회사가 잘되면 종업원들도 소득이 늘어나는 거죠.

직원들에 대한 이런 복지혜택은 성심당이 가지고 있는 나눔 철학의 표현입니다. 정직한 납세자가 되어 가장 공적인 나눔을 실천하는 것에서부터 나눔의 대상인 직원들에게는 수익을 나누고 성장할 수 있는 지원을 통해 모두를 위한 경제(Economy of Communion)라는 개념을 실천하고 있는 것입니다. 가난과 불평등 문제를 해결하기 위해 자선단체가 아니라 기업이 나서야 한다는 EoC 철학은 지역에 대한 나눔으로도 나타납니다. 대전 인근의 친환경 영농법으로 키운 식재료를 쓰려고 노력하고, 진열된 지 4시간이 지난 빵은 지역에 후원하는 등 지역에서 나눔을 실천하는 모습도 성심당다운 나눔의 모습입니다.

나눔에 대한 3가지 스토리를 소개했습니다. 5,000원을 든 형제에게 무료로 치킨을 대접한 사장님, 얼굴 없는 기부천사들, 기업을 통해 나눔을 실천하는 성심당, 이들의 스토리는 지금도 어디에선가 계속되고 있고, 우리뿐만 아니라 나누는 사람들 스스로를 행복하게 만들고 있습니다.

돈을 나눈다는 것은 생명을 나누는 것이라고 합니다. 돈에는 한 사람의 꿈과 희망, 좌절, 고뇌와 분노와 기쁨이 들어 있고, 흘린 땀과 고민과 결단이 들어 있습니다. 돈을 나눈다는 것은 자신의 일부를 내어주며 누군가의 삶을 포용하고 응원하고 함께하겠다는 결단입니다. 그래서 사람이 자기의 돈을 나눈다는 것은 대단한 기적입니다. 이런 기적이 지금도 우리에게 계속 나타나고 있는 것을 3가지 스토리를 통해 확인할 수 있어 참 감사합니다.

2

나눔은 우리를
행복하게 하는가?

기부천사로 알려져 있는 션이 기부를 시작한 이유를 〈박명수의 라디오쇼〉에 출연해 이렇게 말했습니다.

"결혼식을 했는데, 너무 예쁘고 행복하더라. 그래서 이 행복을 우리만 갖지 말고 나눠주자고 아내에게 제안했다." 그리고 이렇게 덧붙입니다. "아내가 기부 후, 작은 일을 했을 뿐인데 큰 행복으로 돌아온다고 하더라."

행복해서 기부하고 기부하니 더 행복해지더라는 션의 말은 그에게만 해당되는 걸까요? 우리 모두에게 적용될 수 있는 표현일까요?

기부는 우리를 행복하게 만들까?

2020년 보건사회연구에 〈기부는 우리를 행복하게 만들까?〉라는 논문이 발표되었습니다. 자신을 위한 물질적 소비가 아닌 기부가 개인의 행복을 증진시킨다면 우리는 돈과 행복의 관계에 대해 새로운 이해를 할 수 있겠죠. 한국복지패널이 13년간의 자료를 분석한 논문의 결론은 '기부행위는 삶의 만족감을 높이고 우울감을 경감시키고, 행복은 기부 같은 친사회적인 행위에 긍정적인 영향을 미친다'는 것입니다. 선이 말한 것처럼 행복해서 기부하고 기부하면 행복해진다는 것이죠.

기부를 하는 이유를 묻는 다양한 설문조사에 대한 답변도 이런 연구 결과를 뒷받침합니다(스타트업엔, 2023.01.03. DATAMOND).

포인트몬스터를 운영하는 데이타몬드는 연말을 맞이하여 2022년 12월 7일~12월 20일 동안 앱 사용자들을 대상으로 기부에 대한 인식 조사를 진행하였다. 2022년에 사회단체, 종교단체, 직장, 대상자에게 직접, 언론기관 등에 현금 혹은 물품 기부를 했다고 응답한 사람은 총응답자 7,202명 중에 60%였다. 그들이 밝힌 기부 이유 1위는 '타인을 돕는 것이 행복하기 때문'(69%)이며, 그 외 세금 혜택(42%), 기부자들과의 유대감(42%), 빈부격차 해결 등 사회문제 해결(42%) 등이 주요 이유로 나타났다.

'온전한 이타주의가 가능한가?'

'이기적인 동기가 없는 나눔이나 기부가 존재할 수 있는가?'

'누군가를 도우면서 '이기적인 동기'를 가지는 것이 바람직한가?'

나눔과 기부를 하는 것에 대한 흥미로운 논쟁이 있습니다. 이런 논쟁이 있는 이유는 '나누는 자들이 누리는 기쁨과 행복'이 있기 때문이죠. 경제학자 제임스 안드레오니(James Andreoni)는 이런 현상을 설명하면서 '따뜻한 빛(Warm Glow)'이라는 개념을 사용합니다. 우리가 누군가를 도울 때 발생하는 따뜻한 빛이 도움을 받는 사람뿐만 아니라 돕는 사람, 기부자에게도 따뜻함을 선물한다는 의미입니다. 기부의 의미와 효과를 잘 설명해 주는 개념인 것 같습니다.

누군가를 돕거나 기부를 할 때 많은 사람이 기쁨과 행복을 느낀다고 말합니다. 그리고 또 그 기쁨과 행복 때문에 나눔을 실천한다고 말합니다. 조금 삐딱하게 보면 순수하지 않다고 여겨질 수도 있지만, 누군가를 돕고 자신의 것을 나누면서 기쁨을 느끼는 이런 모습이 함께 살아가는 인간의 본성이 아닐까요?

그리고 이 따뜻함은 기부자와 수혜자에게서 멈추는 것이 아니라 사회 전반을 따뜻하게 만들고 행복의 총량을 키웁니다. 그래서 나눔과 기부지수가 높은 공동체와 국가들이 더 행복하고 더 안전하고 덜 우울한 사회를 만들어 갑니다.

그런데 앞에서 소개한 3가지 나눔 스토리와는 다르게 우리의 안타까운 모습도 있습니다. 영국 자선지원재단 CAF가 매년 발표하는 세계기부지수에서 한국은 2022년 119개국 중 88위로 하위권에 머물렀습니다. 2021년에는 110위로 사실상 꼴찌에 가까웠습니다. 기부 선진국인 미국이나 호주와는 비교도 안 되지만 중국(49위)보다도 훨씬 낮은 상황이었습니다. 이런 모습이 대한민국을 '세계에서 가장 우울한 나라'로 만들고 있는 것은 아닐까요?

어려운 이웃을 외면하지 않고 도왔던 치킨집 사장님들이 많아지고, 얼굴 없는 기부천사들이 많아지고, 직원과 지역에 나눔을 실천하는 성심당 같은 회사들이 많이 늘어나면 좋겠습니다. 그리고 그와 함께 기부를 통해 행복을 누리는 사람들이 많아지면 좋겠습니다. 그런 흐름들이 세계에서 가장 우울한 나라를 세계에서 가장 행복한 나라로 바꿀 수 있지 않을까요?

성공의 가시를 없애는 나눔

기부와 나눔이란 우리 사회를 함께 살아가고 있는 사람들과 나누는 행동을 말합니다. 개인적으로 모르는 사람이지만 그들의 어려움에 공감하거나 함께 사는 것이 건강한 사회를 만드는 일이라고 생각하는 사람들은 사회적 나눔을 실천하고 살아갑니다. 이런 스타일의 대표적인 연예인들로는 션과 김혜영 부부, 김혜자 선생님, 차인표·신애라 부부 등이 있습니다. 이들이 들려주는 스토리는 아주 감동적이죠.

스노우폭스의 김승호 회장은 "부자가 되는 과정에서 생기는 가시가 있는데, 그것을 해결하는 방법이 기부"라고 말합니다. 나눔에 대해 낭만적인 접근이 아니라 아주 현실적이면서 영적인 표현이라 공감하게 되었습니다.

경쟁이 치열한 자본주의 사회에서는 성공하고 부를 만들어 가는 과정에서 원하든 원치 않든 '가시'가 생기기 마련입니다. 한 동네에서 장사를 하면서 고객을 더 확보하기 위한 전쟁을 치러야 하고, 회사를 더 키우기 위해 때로는 작은 회사를 힘들게 하기도 합니다. 이런 행동은 의도적으로 악한 마음으로 하는 것이 아니라 돈을 벌고 성공을 만들어 가는 과정에서 불가피하게 발생하는 일입니다. 그 과정에서 다양한 아픔과 고통이 생기는데, 그런 가시를 계속 가지고 있으면 그 가시가 계속 나를 찌르게 됩니다.

LA 흑인 폭동이 났을 때 평소 주위를 잘 보살피며 나눔을 베푼 사람들의 가게는 멀쩡했다는 이야기가 바로 이런 것이죠. 그래서 어느 정도 성공하면 기부와 나눔은 필수입니다. 좀 천박하게 표현하자면 그렇게 해야 가시에 찔리지 않고, 내 돈과 재산을 지킬 수 있고, 나의 행복을 유지할 수 있습니다.

행복한 나눔을 위한 나눔 공식

행복을 키우고 문제를 해결하는 나눔을 공식으로 나타내면 어떨까 해서 고민고민하다가 이런 공식을 만들어 보았습니다.

Sharing = Benefit + Helper's High + Boomerang Benefit

나눔이란 수혜자들이 받는 혜택(Benefit)이 있고, 나누는 사람들이 얻는 심리적인 만족(Helper's High)과 나눔이 나에게 되돌아오는 유익(Boomerang Benefit)으로 구분해 볼 수 있습니다. 그럼 나눔 공식의 각각의 요소를 하나하나 살펴보겠습니다.

1) 혜택(Benefit)

나눔을 실천하려고 할 때 그 나눔이 얼마나 의미가 있고 효과가 있을지 생각합니다. 구체적으로 기부한 돈이 어떻게 활용되는지, 그 돈으로 일어날 수 있는 변화가 무엇인지를 알면 그 의미와 효과는 더 커지게 됩니다.

대상은 사람마다 다를 수 있습니다. 어떤 사람은 노숙자를 도우려 하고, 어떤 사람은 공부 잘하는 가난한 학생을, 어떤 사람은 노인을 도우려고 합니다. 이처럼 나눔을 하기 전에 구체적으로 알아보는 것은 더 큰 나눔을 위해 항상 필요합니다.

2) 나누는 기쁨(Helper's High)

마치 마라톤 선수가 어느 정도 거리를 뛰고 나면 고통보다 기쁨을 느끼는 것처럼, 금전적·정신적으로 힘든 나눔의 과정에서도 기쁨을 느낀다고 합니다. 앞에서 다루었던 따뜻한 빛(Warm Glow)과 비슷한 개념이기도 하고 조금 다르기도 합니다. 나눔이 정신건강에 좋은 것은 물론 육체적인 건강에도 좋다는 것은 이미 연구결과로 밝혀졌습니다.

이처럼 나누는 사람이 얻게 되는 구체적인 혜택과 나누는 사람이 즐기는 기쁨이 나눔의 핵심 구성요소입니다. 이 기쁨 때문에 많은 사람이 나누고 기부를 합니다.

3) 돌아오는 혜택(Boomerang Benefit)

우리 주변에는 생각보다 정직하고 선하고 좋은 사람들이 많습니다. 그들은 도움을 받으면 그 도움을 돌려주고 싶어 하고, 또 서로서로 도우며 살고 싶어 하죠. 돌아오는 혜택은 직접적인 경우도 있고 간접적인 경우도 있습니다. 도움을 받은 사람에게 그 도움을 직접 돌려주는 경우도 있고, 자신이 받은 혜택을 다른 사람들에게 나눔으로 실천하기도 합니다. 그래서 돌아오는 혜택은 나누는 기쁨과는 또 다른 맛이 있습니다. 나누어 본 사람만이 느낄 수 있는 최고의 감동이죠. 그 감동과 감사를 느끼고, 또 나눔을 결심하고 실천하게 됩니다. 이것이 어쩌면 나눔의 묘미인지도 모르겠습니다.

나눔의 크기는 내가 베푼 나눔의 혜택을 받는 사람들이 받는 혜택의 크기가 클수록, 나누면서 내가 얻는 심리적인 만족과 기쁨이 클수록, 그리고 때때로 나눔의 결과로 내가 받는 또 다른 유익이 클수록 커진다고 합니다. 가능하면 같은 나눔이라도 지혜롭게 나누어서 나눔의 가치를 키우는 것이 좋지 않을까요?

3

진짜 부자를 찾는
멋진 프로그램

〈나는 가수다〉라는 프로그램이 있었습니다. '대한민국 최고 가수의 노래 대결'이라는 포맷으로 출발한 이 프로그램은 방송 기획단계에서부터 비상한 관심을 불러일으켰습니다. 선발된 가수들의 면면을 보면서 과연 어떤 프로그램이 탄생할지 기대가 고조됐었죠.

방송을 보면서 '나는 가수다'라는 타이틀을 붙이는 것이 무엇을 의미하는지 알 수 있었습니다. 기존의 서바이벌 프로그램에서 나름 뛰어난 아마추어들이 보여주던 무대와는 차원이 다른 감동이 있었죠. 음악보다는 춤과 몸이 우선시되던 기존 음악 프로그램과 분명한 차이가 있었습니다. 노래가 주는 감동에 푹 빠져 울먹이고, 세대 구분 없이 웃음과 박수를 보내며 다양한 노래를 즐기는 청중평가단의 모습을 보면서 노래가 사람의 마음을 움직일 수 있고, 웃고 울게 할 수 있다는 것을 새삼 느낄 수 있었습니다.

'나는 ○○○이다' 라는 제목을 정말 잘 지었다는 생각이 떠올랐습니다. 비슷한 종류의 프로그램이 다양하게 탄생할 수 있을 것 같습니다. '나는 요리사다' '나는 배우다' '나는 교사다' 등 다양한 직업 현장에서 '진짜 요리사, 진짜 배우, 진짜 교사 …'로 살아가는 사람들의 이야기는 참 재미있고 감동이 넘칠 것 같다는 생각을 했습니다.

〈나는 부자다〉
프로그램을 만든다면

이런 생각의 끝에 〈나는 부자다〉라는 프로그램을 만든다면 어떨지에 대한 생각을 해봤습니다. PD가 되어 프로그램을 기획하는 것부터 상상해 봅니다. 기획의도는 다음과 같습니다.

'이 시대의 진정한 부자를 찾는다. 부자에 대한 막연한 시기와 오해들이 난무하는 대한민국의 현실, 부자들을 선호하지 않으면서도 행복의 가장 중요한 기준이 돈이라고 생각하는 사회, 정상적인 방법으로는 부자가 되기 힘들다고 생각하면서 '부자 되세요'를 외치는 우리 사회에서 진정한 부자를 찾는다.'

이런 개념으로 프로그램을 기획한다면 기획단계에서 제작진의 첫 번째 고민은 이것이겠죠. '부자의 기준, 조건은 무엇인가?' 국어사전을 보면 부자란 '재물이 많아 살림이 넉넉한 사람'입니다. 그런데 우리 사회에는 이런 사람이 너무 많습니다. 과연 어떤 기준으로 출연자들을 선택하고 섭외해야 할까요? 막연하게 우리나라에서 부자라고 하면 삼성, 현대, SK 등 대기업 오너를 생각할 수 있겠죠. 부의 기준을 '절대적인 재산의 규모'로 잡는다면 이들이 첫 번째 출연 대상자가 되겠죠?

조금 다른 기준을 생각해 볼 수도 있습니다. 부모에게서 재산을 물려받지 않고 스스로 자수성가한 부자, 자신의 대에서 부를 일군 사람을 찾아본다면 아마도 셀트리온, 우아한 형제들 같은 기업의 오너나 벤처기업의 설립자 또는 대주주가 대상이 될 수 있겠죠. 그리고 프로그램의 성공을 위해 대중의 관심을 좀 더 불러일으키려면 연예계나 스포츠계 스타 부자도 섭외 대상으로 삼으면 좋을 것 같습니다. 가장 인기있는 부자라는 타이틀이면 가능하겠죠.

출연자 윤곽이 잡히면 우리나라에서 최고의 부자, 진정한 부자를 선정할 청중평가단도 구성해야 합니다. 〈나는 가수다〉에서처럼 세대별로 평가단을 구성하는 것도 좋고, 다양한 계층의 사람을 모아 균형을 이루는 것도 좋겠죠. 무엇보다 초등학생, 중·고등학생들을 꼭 끼워 넣으면 좋을 것 같습니다. 이들의 맑은 영혼이 선정하는 부자라면 좋은 점수를 줘야 할 테니까요.

출연한 부자들은 이 프로그램에서 자신이 얼마나 부자인지, 어떻게 부자가 되었는지, 자신의 삶과 돈, 일에 대한 철학은 어떤 것인지를 이야기합니다. 평가단이나 시청자도 모두 나름대로 부자에 대한 기준을 가지고 있습니다. 어떤 이들은 부의 절대적인 기준을 중요시할 것이고, 어떤 이들은 자수성가하지 않은 사람은 대상에서 제외시켜야 한다고 주장하는 사람도 있겠죠.

물론 이런 프로그램 자체에 대해 반대하는 사람도 있을 겁니다. 어쨌든 시청자를 포함해 이 프로그램에 참여하는 모든 사람은 부자에 대한 자신의 기준에 대해, 그리고 다른 사람의 생각에 대해 알고 정리하는 시간을 가지게 될 것 같습니다. 여기서 프로그램의 성공 여부가 판가름 나지 않을까요?

존경받는 부자가 진짜 부자

처음에는 프로그램 출연자들이 얼마나 부자인지에 초점을 맞추게 됩니다. 과연 그들은 얼마나 부자일까요? 보통사람이 그 정도의 재산을 모으려면 얼마나 많은 세월이 걸릴까요? 그 많은 돈을 도대체 어떻게 쓰는 걸까요? 그들이 사는 집은 드라마에서 보았던 부자들의 집과 같을까요?

하지만 회를 거듭할수록 단순히 돈만 많은 부자는 프로그램에서 탈락하게 됩니다. 수백억 원이 넘는 재산을 가진 사람이 좀 더 가졌든 덜 가졌든, 평가하는 보통사람에게는 큰 차이로 다가오지 않습니다. 평가단과 시청자의 초점은 이제 '이들이 어떻게 부자가 되었을까?'로 옮겨갑니다. 아마 이런 과정에서 부모로부터 물려받은 부자, 재벌가의 사람으로 태어나 선택이나 노력 없이 부자가 된 사람들은 프로그램에서 탈락합니다.

물론 단순하게 재벌이나 상속받은 부자라는 이유만으로 탈락하지는 않습니다. 그들 중에도 치열한 생존경쟁 속에서 멋지게 기업을 이끌어가면서 우리 사회에 큰 감동을 주는 사람들이 분명히 있을 것이기 때문입니다. 〈나는 가수다〉라는 프로그램에서 시청자가 숨어 있던 진짜 가수를 찾고, 그들의 노래를 들으며 행복했던 것처럼 멋진 기업인의 모습을 보면서 우리는 행복할 수 있을 겁니다.

그리고 마지막까지 살아남는 사람, 처음 프로그램이 기획했던 것처럼 이 시대의 진정한 부자, '부자 되세요'라는 덕담을 하면서 떠올릴 수 있는 멋진 부자는 과연 누구일까요? 아마 돈과 재산에 대한 멋진 철학을 가지고 있는 사람, 제주의 김만덕이나 경주의 최부자처럼 존경받을 수 있는 부자가 아닐까요? 성심당처럼 직원들을 우대하고 지역의 어려운 사람들을 돕는 경영인들이 최고의 부자들로 떠오르지 않을까요? 기부를 이어가는 멋진 연예인들도 좋은 후보가 될 것 같습니다.

이들의 모습을 보면서 우리는 부자에 대해 가졌던 막연한 오해와 편견을 바로잡게 되고, 우리의 자녀에게 "너도 저 사람처럼 훌륭한 부자가 돼라"고 이야기할 수 있게 되겠죠.

프로그램이 진행될수록 부자라는 명사 앞에 붙는 수식어는 바뀌어 갑니다. 대한민국 최고의 부자 → 자신의 노력으로 당대에 부자가 된 자수성가 부자 → 대한민국에서 가장 존경받는 부자.

상상 속의 이 프로그램이 노력과 열정으로 자신의 영역에서 성공을 일구어 나가고 있는 부자의 모습을 잘 담아낸다면 우리 사회는 부자에게 '그래, 너 잘났다'라는 편견과 질시의 시선보다는 인정과 칭찬, 그리고 함께 있음을 행복해하는 기쁨의 웃음을 보낼 수 있게 될 것 같습니다.

우리는 큰 부자가 되지 못할지도 모릅니다. 하지만 '벌기' '불리기' '쓰기' '지키기'라는 돈을 다루는 4가지 방법으로 경제적 자유를 이루고, 충만한 삶을 살아가면서 나눔의 삶, 환대의 삶을 살아가는 작은 부자, 행복한 부자가 되어 봅시다.

세계에서 가장 우울한 나라,
세계가 부러워하는 성장과 성공을 이루었지만
우울한 사람들, 불안한 사람들,
외로운 사람들이 힘들어하는 나라.

나누는 능력은 우리를 바꿀 수 있는 능력이다.
우리를 행복하게 해주는 멋진 나눔의 스토리가
끊이지 않는다면
내가 힘들 때 우리 공동체가 나를 내버려 두지
않을 것이라는 믿음이 있다면
우리는 차원이 다른 새로운 성공스토리를
만들 수 있다.

잘 벌고, 잘 불리고, 잘 쓰고, 잘 지켜서
경제적 자유를 누리고
잘 나누어서 행복이 넘쳐 흐르게 만드는,
그런 우리가 되는 행복한 상상을 해본다.

에필로그

돈에 대한 건강한 태도를 갖추고 돈을 다루는 역량을 키우면 우리는 무엇을 얻게 될까요? 돈과 삶을 통합적으로 바라보는 관점에서 행복하게 벌고, 게으르게 불리고, 후회 없이 쓰고, 계획적으로 지키면 우리는 어떤 삶을 살아가게 될까요? 돈을 다루는 책의 마지막 이야기는 '경제적 자유' '삶의 충만' '환대의 삶'이라는 돈이 주는 따뜻한 선물에 대한 이야기입니다.

경제적 자유(Financial Freedom)

돈이 우리에게 줄 수 있는 첫 번째 선물은 경제적 자유입니다. 경제적 자유란 '생계를 유지하기 위해 돈을 벌지 않아도 되는 상태'라고 정의할 수 있습니다. 한 달에 500만 원이 필요하다면 소득, 이자, 배당, 임대소득, 연금 등 그 원천이 무엇이든 500만 원이라는 수입이 지속적으로 보장됐을 때 그 상태를 '경제적 자유'라고 말할 수 있습니다.

빚과 결핍의 굴레에서 벗어나, 돈 때문에 걱정하지 않고 원하는 삶을 선택할 수 있는 자유는 돈이 주는 가장 큰 선물입니다. 원하는 일을

에필로그
경제적 자유를 넘어 충만과 환대의 삶으로

원하는 사람과 원하는 시간에 할 수 있는 자유는 생각만으로도 기분이 좋아집니다.

경제적 자유를 추구한다고 해서 일과 노동을 부정적으로 보는 것은 아닙니다. 경제적 자유를 이루어 조기은퇴를 꿈꾸거나 일 없이 빈둥빈둥 노는 삶을 지향하는 것도 아닙니다. 그리고 경제적 자유를 이룬 사람들이 그렇게 사는 것도 아닙니다. 부자들은 일 중독자들이 많고, 경제적 자유를 이루었다고 놀지 않습니다.

경제적 자유를 추구하는 것은 자신이 원하는 가장 자기다운 삶을 행복하게 사는 출발점이기 때문입니다. 경제적 자유가 없는 삶은 우리를 불편하게 하고, 하지 말아야 할 선택을 강요하고, 하고 싶지 않은 일을 하도록 합니다. 그래서 우리 모두에게는 경제적 자유가 필요합니다.

하지만 경제적 자유는 분명 가야 할 목적지이지만 거기가 끝은 아닙니다. 솔로몬처럼 '허무함'에 힘들어하며 사고 치는 부자들이 있고, 소설 《크리스마스 캐롤》의 스크루지처럼 '돈의 노예가 되는 삶'으로 이어지는 경우도 있습니다. 그래서 부정적인 상태로부터의 자유는 목적지가 아니라 새로운 출발점입니다. 적극적인 태도로 돈을 활용하여 좀 더 멋진 스토리를 만들어야 합니다.

삶의 충만(Fulfillment)

경제적 자유를 기반으로 우리는 '부와 행복을 지속적으로 함께 키워가는 삶'을 살아갈 수 있습니다. 경제적 자유가 배경이 되면 돈을 벌 때도, 돈을 쓸 때도, 투자할 때도, 유산을 남길 때도 우리의 가치관에 맞는 선택을 할 수 있습니다. 더 행복하게 벌고, 더 후회없이 쓰면 우리는 물질적인 풍요뿐만 아니라, 정신적인 만족, 건강한 인간관계 등 다양한 측면에서 더 멋진 삶을 누릴 수 있습니다. 그런 삶을 '충만한 삶'이라고 부를 수 있겠죠.

'충만'이라는 단어는 자아실현, 삶의 의미 있는 목적, 추구하는 가치관 등과 관련된 개념입니다. 자신이 원하는 삶이 있고, 그 삶을 살아가는데 필요한 가치가 있고, 그 가치를 살아내면 우리의 삶은 더 의미 있고 더 아름답고 더 행복한 삶, 그래서 더 충만한 삶을 살 수 있습니다.

돈에 대한 건강한 태도와 돈을 다룰 수 있는 역량이 있고, 돈을 벌고 쓸 때 자신만의 기준과 원칙이 있다면 돈은 우리 삶을 충만한 삶으로 만드는 데 있어서 아주 좋은 도구가 될 수 있습니다. 경제적 풍요나 여유를 넘어 가장 나다운 삶을 살아갈 수 있는 것이 돈이 우리에게 주는 두 번째 선물입니다.

환대(Hospitality)

경제적 자유, 개인적인 삶의 충만에서 멈추기보다 좀 더 멋진 머니스토리를 만들 수 있으면 좋겠습니다. 돈은 관계 속에서 존재하는 것이고, 관계 속에서 돈은 의미를 가집니다. 그래서 머니스토리는 항상 개인에서 멈추는 것이 아니라 관계로 확장됩니다. 그리고 돈이 건강한 관계와 행복을 만들어 내려면 개인의 한계를 넘어서야 합니다.

환대(歡待, Hospitality)의 뜻은 국어사전에 '반갑게 맞아 정성껏 후하게 대접함'이라고 나옵니다. 손님, 낯선 자, 나그네를 관대하고 호의적으로 받아주고 기쁘게 해주는 행동이라는 의미로 확장되고, 공동체 내에 누구라도 인간적으로 존중받아야 한다는 철학으로 표현되기도 합니다.

미국 부자들이 자신의 큰 자산을 기부하는 모습을 보면서, 돈이 없던 형제에게 치킨을 대접한 착한 치킨집 사장님과 그 사장님을 돈쭐 내는 사람들을 보면서 '환대'라는 따뜻한 단어를 떠올리게 됩니다.

내가 누리고 있는 경제적 자유와 충만을 타인에게 확장하는 개념, 기부와 나눔으로 행복을 이루어가는 과정이 '환대의 삶'입니다. 환대의 삶은 개인적인 차원에서 더 풍요롭고 의미있는 삶을 경험하게 하고, 관계적인 차원에서 신뢰와 호혜성에 기반한 관계와 공동체를 형성하게 하고, 사회적인 차원에서 지속가능하고 포용적인 경제시스템을 가능하게 합니다.

《크리스마스 캐롤》에서 불행했던 스크루지가 행복한 스크루지로 바뀌는 변화는 조카와 이웃을 돌아보고 가난한 자들에게 기부하는 환대의 삶을 통해 이루어졌습니다. 우리도 경제적 자유를 넘어, 개인적인 충만한 삶을 초월하여 환대의 삶으로 나아갈 수 있으면 좋겠습니다.

돈의 노예에서 돈의 주인이 되는 여정은 '자유' '충만' '환대'의 세 단계를 거쳐 완성되는 멋진 스토리입니다. 벌고, 불리고, 쓰고, 지키는 과정이 자유, 충만, 환대라는 가치를 실현하는 과정일 때 돈은 '아름다운 꽃'이 되고, 우리 삶에 진정한 가치를 더해주는 멋진 도구가 될 것입니다. 그리고 세계에서 가장 우울한 나라를 가장 멋지고 행복한 나라로 만들어 줄 것입니다.

부와 가난을 결정하는
머니프레임

초판 1쇄 인쇄 2025년 5월 5일
초판 1쇄 발행 2025년 5월 10일

지은이 신성진
펴낸이 백광옥
펴낸곳 (주)천그루숲
등 록 2016년 8월 24일 제2016-000049호

주소 서울시 동작구 동작대로29길 119
전화 0507-0177-7438 **팩스** 050-4022-0784 **카카오톡** 천그루숲
이메일 ilove784@gmail.com

기획·마케팅 백지수
인쇄 예림인쇄 **제책** 예림바인딩

ISBN 979-11-93000-74-8 (13320) 종이책
ISBN 979-11-93000-75-5 (15320) 전자책